AF193008

# TODO UN DIOS QUE CONFÍA

MANUEL VALDÉS MAS

# TODO UN DIOS
# QUE CONFÍA

EDICIONES RIALP
MADRID

© 2026 *by* MANUEL VALDÉS MAS
© 2026 *by* EDICIONES RIALP, S.A.,
  Manuel Uribe 13-15 - 28033 Madrid
  (www.rialp.com)

No está permitida la reproducción total o parcial de este libro, ni su tratamiento informático, ni la transmisión de ninguna forma o por cualquier medio, ya sea electrónico, mecánico, por fotocopias, por registro u otros métodos, sin el permiso previo y por escrito de los titulares del *copyright*. Diríjase a CEDRO (Centro Español de Derechos Reprográficos, www.cedro.org) si necesita reproducir, fotocopiar o escanear algún fragmento de esta obra.

ISBN (edición impresa): 978-84-321-7400-1
ISBN (edición digital): 978-84-321-7401-8
ISBN (edición bajo demanda): 978-84-321-7402-5
ISNI: 0000 0001 0725 313X
Depósito legal: M-8146-2026

Impreso en España                    *Printed in Spain*
          Anzos, S.L. - Fuenlabrada (Madrid)

# ÍNDICE

# INTRODUCCIÓN

UNA EXPERIENCIA VITAL muy gratificante es encontrarse con alguien que confía plenamente en ti; ese tipo de persona que te anima a seguir adelante con lo que eres, que está a tu favor y con quien te sientes plenamente aceptado.

Por eso, convivir con alguien que deposita su confianza en ti no tiene precio. Te hace creer en la fuerza que hay en ti. Te ayuda a reconocer tu espléndida realidad. Sentirte valorado por tu jefe o tus compañeros de trabajo te ayuda a trabajar mejor. Percibir que tus compañeros de equipo creen en ti facilita que compitas mejor. Porque cuando no se te cuestiona, sino que se te valora y reconoce, te atreves a ser tú, te atreves a más.

Sin embargo, la realidad es que no siempre vivimos rodeados de personas así. Con relativa frecuencia percibimos desconfianza por parte de familiares, amigos o compañeros. Además, a menudo somos nosotros mismos los primeros en dudar de nuestras capacidades. No es raro entretenerse pensando que, si uno fuese diferente a como es o hubiese tenido una historia distinta, entonces sí sería capaz de hacer algo grande con su vida.

Se cuenta que un día Thomas Edison llegó a su casa con un sobre cerrado en el que había una nota de su profesor para su madre.

Después de que su madre leyera la nota, Thomas le preguntó por el contenido. Y su madre, con los ojos llenos de lágrimas, le dijo que la nota decía lo siguiente: «Su hijo es un genio. En esta escuela tan pequeña no contamos con profesores suficientemente buenos para enseñarle. Edúquelo usted misma».

Su madre se dedicó a educar a su hijo en cuerpo y alma. Muchos años después de que su madre falleciera, Thomas Edison se convirtió en uno de los inventores más importantes del siglo XIX.

Un día, revisando viejos archivos, encontró la carta que en su día el profesor había escrito a su madre. El mensaje decía: «Su hijo es mentalmente deficiente. No podemos dejar que continúe estudiando en esta escuela. Está expulsado».

Thomas se emocionó muchísimo y escribió estas palabras en su diario: «Thomas Edison era un niño con deficiencias mentales a quien su madre convirtió en el genio del siglo».

Thomas tuvo la inmensa fortuna de tener a su lado a alguien que confió verdaderamente en él y en sus posibilidades. Y muy probablemente fue ahí donde encontró la fuerza y la valentía necesarias para convertirse en uno de los grandes inventores de la historia.

Nosotros también tenemos esa inmensa dicha. Tenemos a todo un Dios que confía en nosotros. Nos lo muestra de muchas maneras, porque sabe muy bien lo necesitados que estamos de esa aceptación total y definitiva de todo lo nuestro. Nos toca a nosotros percibir y valorar esa confianza divina por todo lo humano.

Ojalá este libro te sirva para descubrir —aunque solo sea un poco más— lo mucho que Dios confía en ti. Es una necesidad vital: necesitamos encontrarnos de verdad con ese Dios que cree plenamente en nosotros, necesitamos vivir bajo su mirada. Lejos de esa mirada divina se pasa mal, se vive mal. Al amparo de ella, hallaremos ese cielo que Dios anticipa en la tierra para quienes caminan convencidos de poseer su amor y su confianza.

Nuestra Madre, la Virgen, estará muy presente en estas páginas. El marco de referencia será el Evangelio de la Anunciación del arcángel Gabriel a María. En cada capítulo nos detendremos en algunas de las palabras de este pasaje del

Evangelio, en el que se percibe de forma evidente la enorme confianza que Dios tiene en Santa María, al encomendarle la misión de ser la Madre de su Hijo.

# SOMOS TEMPLOS DE DIOS

*En el sexto mes fue enviado el ángel Gabriel de parte de Dios a una ciudad de Galilea llamada Nazaret, a una virgen desposada con un varón de nombre José, de la casa de David. El nombre de la virgen era María.*

*Y entró donde ella estaba y le dijo:*

*—Dios te salve, llena de gracia, el Señor es contigo.*

*Ella se turbó al oír estas palabras, y consideraba qué podía significar este saludo. Y el ángel le dijo:*

*—No temas, María, porque has hallado gracia delante de Dios: concebirás en tu seno y darás a luz un hijo, y le pondrás por nombre Jesús. Será grande y será llamado Hijo del Altísimo; el Señor Dios le dará el trono de David, su padre, reinará eternamente sobre la casa de Jacob y su Reino no tendrá fin.*

*María le dijo al ángel:*

*—¿De qué modo se hará esto, pues no conozco varón?*

*Respondió el ángel y le dijo:*

*—El Espíritu Santo descenderá sobre ti, y el po-*
*der del Altísimo te cubrirá con su sombra; por eso, el*
*que nacerá Santo será llamado Hijo de Dios. Y ahí*
*tienes a Isabel, tu pariente, que en su ancianidad*
*ha concebido también un hijo, y la que llamaban*
*estéril está ya en el sexto mes, porque para Dios no*
*hay nada imposible.*

*Dijo entonces María:*

*—He aquí la esclava del Señor, hágase en mí se-*
*gún tu palabra.*

*Y el ángel se retiró de su presencia*[1].

«Consideraba qué podía significar este saludo»[2].
María se preguntaba qué saludo era aquel. Reflexionaba, es decir, daba vueltas en su mente a
las palabras del ángel.

Era una actitud frecuente en nuestra Madre.
Así lo dice san Lucas dos veces en el mismo capítulo: «María guardaba todas estas cosas, ponderándolas en su corazón»[3].

Esta era su manera habitual de vivir. María
tenía la capacidad de mantener un clima perseverante de recogimiento, una actitud interior de
escucha y por eso podía meditar todos los acontecimientos en el silencio de su corazón.

---

[1] Lc 1, 26-38.
[2] Lc 1, 29.
[3] Lc 2, 9 y cf. Lc 2, 51.

Es algo que necesitamos aprender de la Virgen. Vivir tranquilos, serenos, en calma, sin agobios. Vivir meditando todo aquello que nos sucede. Guardar todas las cosas, ponderándolas en nuestro corazón. Vivir dentro de nosotros. Vivir en nuestro interior. «Tener esa sana capacidad de habitar en la soledad y de estar con nosotros mismos sin huir, para no permanecer en la superficie de las cosas y tomar contacto con el centro de nuestra existencia»[4].

Y necesito vivir así porque habitar mi intimidad es lo que hace posible que sea yo mismo, es lo que me hace capaz de autoposeerme. Quien aprende a vivir ahí dentro es difícilmente manipulable. Ahí dentro ya no se vive como espectador de la realidad, sino que ahí dentro uno se hace cargo de ella.

La interioridad hace referencia a ese ámbito íntimo, delicado y esencial de la persona donde nos encontramos con lo que somos. Ese espacio intrapersonal donde acogemos las resonancias que nos llegan del mundo exterior, donde saboreamos, sentimos, imaginamos, recordamos, reflexionamos, anhelamos, trascendemos. Ahí es donde están mis ideales, mis decisiones, mis proyectos, mis creencias, mis criterios de conducta,

---

[4] Audiencia del PAPA FRANCISCO 16 de noviembre 2022.

mis compromisos, mis valores y mis sueños. Es la morada donde yo estoy, donde yo habito, donde yo me adentro[5]. El lugar en el que me pongo en claro conmigo mismo. Es mi patria interior. Mi espacio de silencio y quietud. El lugar en el que tomo las decisiones vitales. Donde me resisto a ser manejado por los tópicos que existen a mi alrededor. Es el centro de mi ser. El centro de mi existencia. Lo más profundo de mí mismo. Lo más valioso que tengo. Y por eso, a este mundo interior también le llamamos corazón.

Un corazón que nada tiene que ver con lo que comúnmente se entiende ahora por corazón. Nada tiene que ver con el corazón que hacemos con las manos. Ese corazón, el que identificamos más con el sentimiento, no es en absoluto malo. Es muy bueno. Pero no es de lo que estamos hablando. Hablamos ahora del corazón en su sentido más pleno, que lo identifica con lo más profundo de nosotros mismos.

El papa Francisco en su última encíclica decía: «El corazón es el lugar de la sinceridad, donde no se puede engañar ni disimular. Suele indicar las verdaderas intenciones, lo que uno realmente piensa, cree y quiere, los "secretos" que a nadie dice y, en definitiva, la propia verdad desnuda.

---

[5] Catecismo de la Iglesia Católica, n. 2563.

Se trata de aquello que no es apariencia o mentira sino auténtico, real, enteramente "propio"»[6].

Dice en uno de sus libros el actual Prefecto del Dicasterio para la Cultura y la Educación: «La grandeza del ser humano, su verdadera riqueza, no está en lo que se ve, sino en lo que lleva en su corazón. La grandeza del hombre no radica en el puesto que ocupa en la sociedad, ni en el papel que desempeña, ni en el éxito social. Todo eso le puede ser retirado de un día para otro. Todo eso puede desaparecer en un instante. La grandeza del hombre está en lo que queda una vez extinguido lo que le confería brillo exterior. ¿Qué le queda? Sus recursos íntimos y nada más»[7].

María está acostumbrada a vivir en el centro de su ser, porque ella está en conexión constante con su corazón, con la parte más profunda de su ser. María habita su mundo interior, vive todo desde allí dentro. Y eso es lo que la hace admirable y fascinante. Lo que la hace original, genuina, única.

Vivir ahí dentro, en nuestro corazón, además de ayudarnos a encontrarnos a nosotros mismos y, por tanto, a ser nosotros mismos, nos capacita para encontrarnos también de verdad con

---

[6] PAPA FRANCISCO, *Encíclica Dilexit nos*, n. 5.
[7] JOSÉ TOLENTINO DE MENDONÇA, *Pequeña teología de la lentitud*, p. 18.

los demás. La interioridad es lo único que puede unir de verdad a las personas: a los amigos, a los novios, a los cónyuges, a los familiares.

Tu interioridad es lo que de verdad va a dar contenido a las relaciones personales que tengas. Lo que va a hacer que duren en el tiempo. Porque lo que va a fascinar a los demás está ahí, dentro de tu corazón, en tu interioridad. Ahí está lo que te hará ser distinto, ser quien realmente eres, ser tú mismo. Lo que te hará único y, por tanto, atractivo, interesante. No uno más del montón, sino alguien con personalidad propia y bien definida. Alguien que aporta novedad. Que tu huella dactilar sea distinta a la de todo el mundo, de poco sirve, si no te acostumbras a habitar en ese lugar, en tu corazón, en tu interioridad, que es donde de verdad te harás irrepetible. Quien carece de contenido no tiene nada que ofrecer, salvo el decorado.

El que tiene mundo interior, el que se acostumbra a vivir dentro de su corazón, alcanza la belleza y la profundidad de las personas, va hasta el fondo de las mismas, no se queda en la superficie, en la epidermis, en la corteza. Entiende a una persona más allá de su apariencia, más allá de un momento concreto.

Por el contrario, vivir fuera de nuestro corazón nos lleva a la lujuria. Porque eso es precisamente lo que significa la palabra lujuria: no conocer lo profundo, sino permanecer en la superficie, permanecer sobre la piel de lo real. El lujo es lo que no es necesario, lo que no es esencial. La lujuria es no alcanzar lo esencial, quedarse en lo externo. Se está delante de una persona y no se le ve como persona, sino que se le ve como piel, como cuerpo.

Cuando no se comparte la interioridad, se comparte solo lo anecdótico, lo superficial, y esto hace que las relaciones sean incompletas, frágiles, tremendamente aburridas, y muy poco duraderas, llamadas a extinguirse rápidamente. Sin embargo, cuando compartimos nuestra interioridad, logramos que nuestras relaciones personales sean auténticas, hondas y duraderas.

Si quieres que una relación permanezca en el tiempo, si quieres que sea consistente, vívela desde dentro, comparte lo que llevas dentro y recibe con delicadeza y respeto el interior de la otra persona. No compartas solo lo de fuera. Lo de dentro, lo espiritual, lo esencial, lo que uno lleva en el corazón, es susceptible de mejorar y de crecer siempre. Nuestro interior está llamado a enriquecerse cada vez más. Con tu interior siempre podrás sorprender y deslumbrar a la otra persona. El interior se renueva, se hace nuevo constantemente. El interior te distingue completamente de los demás, porque te hace único.

Estamos hechos para vivir desde el corazón las relaciones con las demás personas. Solo así perdurarán en el tiempo.

Dorothy Parker, en uno de sus libros, describe el proceso mental por el que una mujer trata de justificar la soledad que experimenta siete años después de haberse casado. Dice así: «Había otras causas de esa soledad que se remontaba muy atrás, a cuando eran novios. Ella trató de recordar de qué hablaban antes de casarse, cuando estaban prometidos, y le pareció que nunca habían tenido gran cosa que decirse. Pero antes, eso no le preocupaba, incluso experimentaban la satisfacción de que su noviazgo iba bien, pues siempre había oído decir que el verdadero amor no se expresa con palabras. Además, en aquel entonces los besos y tonteos les tenían siempre ocupados. Pero resultó que el verdadero matrimonio parecía ser igualmente silencioso, y al cabo de siete años de vida en común no es posible confiar en los besos y en todo lo demás para llenar los días y las noches»[8].

Vivir ahí dentro, en nuestro corazón, como María, nos ayuda a encontrarnos con nosotros mismos, a ser nosotros mismos.

---

[8] DOROTHY PARKER, *La soledad de las parejas*, Versal, Barcelona 1990.

Vivir desde nuestro interior, como nuestra Madre, nos capacita para encontrarnos de verdad con las demás personas.

Y vivir ahí, en lo más profundo de nuestro ser, como la Virgen, nos permite sobre todo encontrarnos con Dios. Porque ahí es donde vive Dios. Él vive en nosotros, y desde ahí se comunica con cada uno. Tú y yo somos templos de Dios. Dios ha querido habitar en nosotros. Dios ha querido hacer de nuestra alma su casa, lo cual muestra la enorme confianza que tiene en nosotros, en todo lo nuestro. Tú y yo somos morada de Dios; Él habita en nuestra vida, en nuestra historia.

Son de sobra conocidas esas palabras de san Agustín: «Dios está en lo más interior de mi propia intimidad», «*Tu autem eras interior intimo meo et superior summo meo*»[9]. Y estas otras: «¡Tarde te amé, belleza tan antigua y tan nueva, tarde te amé! Y he aquí que tú estabas dentro de mí y yo fuera, y por fuera te andaba buscando; y deforme como era, me lanzaba sobre las bellezas de tus criaturas. Tú estabas conmigo, pero yo no estaba contigo. Me retenían alejado de ti aquellas realidades que, si no estuviesen en ti, no serían»[10].

---

[9] San Agustín, *Confesiones* 3, 11.
[10] Ibid. 10, 38.

¡Qué importante es tener esa sana capacidad de habitar en la soledad y de estar con nosotros mismos sin huir! Solo así evitamos permanecer en la superficie de las cosas y tomamos contacto con el centro de nuestra existencia.

¡Qué importante es que de vez en cuando nos paremos y nos quedemos a solas con nosotros mismos! ¡Qué importante es que habitemos en nuestro corazón y que este sea de verdad nuestra patria interior, nuestra morada, el lugar en el que nos ponemos en claro con nosotros mismos!

Pero para eso necesitamos huir del ruido, del activismo, y de ese frenesí constante en el que a veces vivimos inmersos.

Si justo después de remover las aguas de un pozo intento mirar al fondo, no veré nada. Porque las aguas están agitadas.

Pero si espero durante un rato a que se calmen las aguas, y solo después me vuelvo a asomar al pozo para mirar el fondo, lo más normal, si el agua está limpia, es que me vea a mí mismo en el espejo del agua.

Lo mismo sucede en nuestro mundo interior. Necesitamos en nuestras vidas la quietud y el silencio para poder vivir ahí dentro de nuestro corazón, para vernos a nosotros mismos, para ver lo más profundo de nuestro ser, para poder ver reflejada nuestra imagen en nuestro corazón.

Y entonces podremos también encontrarnos de verdad con los demás y encontrarnos con Dios.

Necesitamos el silencio, ese callarse que es oro en nuestras vidas, y que nos hace valorar la vida; y con ella, la historia, los acontecimientos, las demás personas. Necesitamos espacios de tiempo en nuestro día a día para la reflexión, para la oración, para quedarnos a solas con Dios y con nosotros mismos. Necesitamos espacios de tiempo para conocernos. Para vivir la vida en primera persona, para vivir desde dentro.

Nuestra Madre la Virgen tiene una gran capacidad de mantener un clima perseverante de recogimiento, una actitud interior de escucha, que le permite meditar todos los acontecimientos en el silencio de su corazón. Ella nos ayudará a cultivar el silencio y el recogimiento necesarios para poder habitar en nuestro corazón, porque es ahí donde nos encontraremos de verdad con nosotros mismos, con los demás y con Dios. Ahí es donde habita Dios. En nosotros, en lo más profundo de nuestro ser, allí donde se encuentra precisamente nuestra identidad más profunda. Dios, de esta manera, nos muestra lo mucho que confía en nosotros, lo mucho que confía en lo más propio nuestro, en nuestra realidad más profunda.

# QUIERE QUE VEAMOS MÁS HONDO[1]

*«No temas, María, porque has hallado gracia delante de Dios»*[2].

Nos cuenta san Lucas que el Ángel Gabriel se le aparece a la Virgen y le saluda: «Dios te salve, llena de gracia, el Señor es contigo»[3].

La reacción de la Virgen después de oír estas palabras fue la de turbarse. Leemos en el evangelio: «Ella se turbó al oír estas palabras»[4]. Por eso Gabriel le dice enseguida a nuestra Señora: «No temas, María, porque has hallado gracia delante de Dios»[5].

---

[1] Cfr. Audio *"Non temere"* que se encuentra en la sección *"La Vergine"* en la página web: lapartemigliore.org de FABIO ROSINI.

[2] Lc 1, 30.

[3] Lc 1, 28.

[4] Lc 1, 29.

[5] Lc 1, 30.

Nosotros, como María, experimentamos también en nuestras vidas este sentimiento de miedo.

Vivimos asediados por el miedo: miedo a quedarnos solos o al qué dirán; a nuestro pasado y a no ser aceptados ni queridos; miedo a que no confíen en nosotros o a equivocarnos en nuestras decisiones. Tememos fracasar, suspender un examen o que las cosas no salgan como previmos. En definitiva, miedo a la enfermedad, al futuro y a la vida misma.

Somos presa de muchos miedos. Pero hay un miedo que todavía no se ha mencionado y es quizá el miedo que más presente tengamos en nuestras vidas, de lo que más huimos: el miedo a sufrir. Nos pasamos buena parte de nuestra vida huyendo del sufrimiento. ¡Cuántas veces hemos dicho o hemos oído decir: «Como suceda esto, me muero»! Nos cuesta mucho creer que del sufrimiento pueda salir algo bueno. Estamos casi convencidos de que el sufrimiento nos va a robar la alegría, nos va a hacer infelices.

Y por eso, a veces, vemos la fe como un tranquilizante, como un sedante. Algo que nos ayuda a creernos que las desgracias nunca nos tocarán de cerca. Algo que nos anestesia para que pensemos que nuestra vida nunca va a tener contratiempos ni sinsabores. Pensamos que, si tenemos fe y estamos cerca de Dios, no vamos a sufrir, porque Dios se va a encargar de apartar de nuestra vida todo lo que nos haga sufrir. Nos hemos convencido de que lo que Dios quiere, por encima de todo, es evitar que suframos. Pensamos que si Dios es Dios y existe realmente no puede permitir nuestro dolor.

¡Cuántas veces tratamos a Dios como si fuera un mago; alguien que se debería dedicar a hacer desaparecer los problemas como por arte de magia!

Pero todo esto no es verdad. La fe no te asegura que no vas a sufrir, que nunca vas a estar solo, o que serás aceptado por todo el mundo. La fe no te asegura que no te vas a equivocar nunca, o que nunca vas a perder el empleo, o que jamás morirá uno de tus seres queridos.

La fe no es un tranquilizante que brinda falsos consuelos. Todo lo contrario. La fe nos ayuda a abrazar nuestra realidad y nos ayuda a vivir sin miedo a sufrir. La fe nos empuja a pararnos, a darnos la vuelta y a plantar cara a aquello de lo que estamos huyendo, para aceptarlo, abrazarlo y amarlo; para encontrarnos con Dios precisamente ahí, porque es ahí donde Él nos está esperando, en ese dolor, en ese sufrimiento.

No hay que buscar, ciertamente, el dolor. Pero cuando llega, hay que saber aceptarlo como un instrumento precioso que Dios usa para construir algo más serio, más verdadero. Este descubrimiento marca el umbral de una nueva etapa: el momento de soltar una fe infantil y abrazar la madurez de quien acepta la vida con todas sus luces y sombras.

Mientras pintaba al fresco la catedral de san Pablo en Londres, el pintor James Thornhill, en cierto momento, se sobrecogió con tanto entusiasmo por su fresco que, retrocediendo para verlo mejor, no se daba cuenta de que se iba a precipitar al vacío desde los andamios. Un asistente, horrorizado, comprendió que un grito de llamada solo habría acelerado el desastre. Sin pensarlo dos veces, mojó un pincel en el color y lo arrojó en medio del fresco. El maestro, estupefacto, dio un salto hacia delante. Su obra estaba comprometida, pero él estaba a salvo.

Así actúa a veces Dios con nosotros: trastorna nuestros proyectos y nuestra tranquilidad, para salvarnos del abismo que no vemos[6].

Si ves a una persona que tiene sustancia, profundidad, nobleza, puedes estar seguro: ha sido el sufrimiento quien la ha hecho tan hermosa. Por eso, como dice el refrán: "Cuando has llorado, lo ves todo con otros ojos".

---

[6] Cantalamessa. *Oficio de viernes santo*, 2020.

Una persona vivió una tremenda enfermedad de los ojos que amenazaba con dejarle totalmente sin vista. En vísperas de su operación, su madre no dejaba de rezar y rezar. «No sé para qué rezas tanto —le dijo este a su madre—. Tú sabes que las probabilidades de recuperación de la vista son mínimas». Y le llegó, conmovida, la voz de su madre: «Hijo, es que no rezo solo para que veas mejor, sino sobre todo para que veas más hondo».

Seis meses después, tras una operación afortunada, reconocía que había recuperado bastante más que la vista, que su enfermedad le había ayudado a entender mejor el mundo, a organizar mejor su vida, a revisar toda su escala de valores, poniendo en primer plano cosas antes olvidadas y haciendo regresar al papel de minucias muchas de las luchas que antes le obsesionaron como fundamentales[7].

Si lo piensas bien, todos los momentos hermosos de la vida, tienen alegría, pero también dolor; tienen luz, pero también momentos donde los ojos se cierran. Sin embargo, es cierto que, paradójicamente, con los ojos cerrados se puede escuchar y captar más. Cuando quiero escuchar música, cuando realmente quiero sumergirme en

---

[7] José Luis Martín Descalzo, *Razones para el amor*, Atenas, Madrid 1994, p.113.

ella, cierro los ojos. Y por la noche, en la oscuridad, puedo ver más lejos, y solo entonces soy capaz de ver las estrellas. Quién ha pasado días sin comer o beber valora más que nadie tener algo que llevarse a la boca. Un fuego se disfruta mucho más después de un día de nieve y frío.

Luis de Moya, antiguo capellán de la Universidad de Navarra, tuvo en 1991 un accidente de automóvil que le dejó tetrapléjico. Siete años antes de su fallecimiento, cuando ya llevaba casi 25 años viviendo en una silla de ruedas, comentó en una entrevista: «Se me estaba poniendo en bandeja la oportunidad de crecer personalmente en un montón de aspectos de la vida. En un montón de esas facetas, de esas cualidades, de esas virtudes que hacen a las personas realmente grandes».

Se dice que las personas somos como bolsas de té, que no sabemos de qué estamos hechos hasta que la vida nos sumerge en agua hirviendo. Porque gracias al dolor y a la adversidad, aflora de manera natural y con fuerza lo que llevamos dentro, talentos ocultos hasta ese momento.

Mira lo que decía una persona después de haber sufrido mucho por una enfermedad:

En los peores momentos de mi enfermedad me transformé en otra persona. Acabé siendo fría, infeliz, triste, pesimista, hiperperfeccionista y frívola. Esa no era yo. Cuando comencé la recuperación me volví más madura, feliz, sencilla, optimista y sonriente… Quizá el sufrimiento no es del todo malo… Igual gracias a él te haces más fuerte… Gracias al sufrimiento que mi familia y yo hemos pasado ahora estamos más unidos y he aprendido a valorar lo que antes me parecía insignificante: las comidas familiares, una caricia de mi madre, los benditos masajes de mi padre en los pies, las fiestas con mis amigas… Y todo esto me ha ayudado a crecer como persona, a valorarme, a quererme y a reencontrarme con mi gente y con Dios. Muy a mi pesar, ¡gracias![8].

Recuerdo que no dejó a nadie indiferente la respuesta que un arzobispo dio, en un encuentro[9] con universitarios, a la pregunta de cuáles habían sido sus mejores momentos como sacerdote o como obispo. Le salió del alma contestar rápidamente: «Como sacerdote, mis tres años de enfermedad. Los tres años en los que estuve paralizado, casi todo el tiempo metido en una cama. Fue un momento de purificación muy

[8] Ana López Recalde, Ignacio López Goñi y Azucena Díez Suárez, *Princesas de Cristal*, Arcopress, 2019, pp. 153-154.
[9] El encuentro con el Arzobispo de Pamplona y Tudela tuvo lugar el 31 de diciembre de 2019 en Pamplona, en el Colegio Mayor Belagua.

especial. Me quedé sin ir a misiones que era lo que quería hacer. Se me vino al traste mi sueño. Fue entonces cuando irrumpió Dios en mi vida y me di cuenta de que Dios lo que quería era hacer su misión dentro de mí. Comprendí con más hondura que Dios valía mucho más que cualquier acción que pudiera hacer yo, que cualquier misión que pudiera llevar a cabo fuera, en el exterior. Sentí de un modo especial en mi corazón que solo Dios basta».

Por eso, Dios no quiere que yo no sufra. Lo que Dios quiere de mí es que crezca como persona, que afloren todos mis talentos ocultos, que vea más lejos, que vea más hondo. Lo que Dios quiere es que sea feliz, que me salve. Y por eso todo lo que Él permite, también el dolor, forma parte de su plan de salvación. Por eso Dios a nosotros nos dice también muchas veces lo que le dijo a María: «No temas María, porque has hallado gracia delante de Dios»[10].

Hay que dejar al dolor que siga su curso. Hay que dejar al dolor que cumpla su misión. El sufrimiento es solo una parte de la historia. La cruz es un lugar de paso, un lugar provisional. Se va siempre más lejos. En última instancia, se termina llegando al cielo. Deja que el plan de salvación

---

[10] Lc 1, 30.

de Dios se cumpla en ti. Deja que el dolor siga su curso. No vivas huyendo de tu propia salvación. No vivas con miedo a sufrir.

En una ocasión se acerca un grupo de chicos con cara seria a un sacerdote. Le hablan de un amigo, joven como ellos, que ahora no puede moverse porque tiene esclerosis lateral amiotrófica, la famosa ELA.

Y le hacen una pregunta: «¿Cómo le podemos ayudar? ¿Qué podemos hacer por él?».

Les responde: ¿Y si en vez de mirar a lo que este chico no tiene, lo miráis a él verdaderamente? ¿Por qué lo veis como un problema y no como una oportunidad?». Y les explicó que, desde la cruz, verían el mundo desde la perspectiva de la sabiduría, y que este amigo era un regalo para ellos. Se quedaron un poco sorprendidos.

Finalmente les propuso ir a hablar de uno en uno con él, sobre los problemas personales que tuviesen, y someterle a su juicio sus cuestiones afectivas, relacionales, y lo que fuese.

Lo probaron. Había colas para ir a hablar con este chico joven que había contraído esta enfermedad tan grave. Todos querían hablar con él, porque tenía una visión sorprendente de las cosas[11].

---
[11] Fabio Rosini, *El arte de recomenzar*, Rialp, Madrid 2020, pp. 175-176.

El dolor te da eso: una visión sorprendente de las cosas. Por eso no debemos tenerle miedo. Porque si abrazas ese dolor habrás hallado gracia delante de Dios. Así lo expresa también Pedro Salinas cuando dice: «Perdóname el dolor alguna vez. Es que quiero sacar de ti tu mejor tú»[12].

Uno de los lugares en los que estuvo evangelizando san Francisco Javier fue en las islas Molucas (Indonesia). Y cuenta una tradición popular que, un día, al ir de isla en isla en una embarcación rudimentaria, Francisco Javier y sus acompañantes sufrieron una gran tormenta. Durante esa tormenta el santo navarro perdió su crucifijo. Al día siguiente, cuando atracaron en una playa, vieron salir del mar un cangrejo que sujetaba entre sus pinzas el crucifijo de Javier.

Dios también hace muchas veces esto mismo con nosotros. Se encarga de que no perdamos la Cruz en nuestras vidas. Se encarga de que nos encontremos con la Cruz, para que no olvidemos que el camino de salvación pasa por ahí. El sufrimiento es solo una parte de la historia. Se va siempre más lejos. En última instancia, se termina llegando al paraíso, a la felicidad eterna.

Por eso san Josemaría se atreve a decir en *Camino*: «Te quiero feliz en la tierra. —No lo serás

---

[12] PEDRO SALINAS, *La voz a ti debida*, Seix-Barral, 1982.

si no pierdes ese miedo al dolor. Porque, mientras "caminamos", en el dolor está precisamente la felicidad»[13].

Estas palabras del ángel a la Virgen: «No temas, María, porque has hallado gracia delante de Dios»[14], nos ayudarán a no dejarnos limitar por el miedo. Nos ayudarán a ser cristianos que no viven con miedo a sufrir, que no huyen del dolor, del sacrificio, porque lo ven como un instrumento precioso que Dios usa para construir algo más serio, más verdadero. Porque saben que es ahí donde hallarán gracia delante de Dios. Él confía mucho en lo que somos, y en lo lejos que somos capaces de llegar. Él no se conforma con poco y quiere que nosotros tampoco lo hagamos. Por eso permite el dolor en nuestra existencia y quiere que, al presentarse, lo abracemos con confianza, pues es camino de santidad y crecimiento.

Nuestra Madre nos enseña que lo que Dios quiere de mí no es que no sufra, sino que crezca como persona, que afloren todos mis talentos ocultos, que vea más lejos, que vea más hondo. Lo que Dios quiere es que sea feliz, que me salve, que viva con Él para siempre en el cielo,

---

[13] San Josemaría Escrivá, *Camino* n. 217.
[14] Lc 1, 30.

que sea plenamente feliz con Él por toda la eternidad. Nuestra Madre nos enseña a no huir de nuestra propia felicidad, a no tener miedo al sufrimiento.

# ESPERA EN NUESTRA PLENITUD

*«Dios te salve, llena de gracia, el Señor es contigo»*[1].

Sabemos que la Virgen estaba «llena de gracia». Es más: era «la llena de gracia». Así le saluda el ángel: «¡Alégrate, llena de gracia! ¡El Señor está contigo!»[2]. Eso le decimos cada vez que rezamos el Ave María.

La Virgen era una mujer elegida por Dios, inundada por Dios. No hubo seguramente milagros en su infancia, pero sí fue una niña distinta, o más bien, misteriosa. Me imagino que muchas veces debió de preguntarse por qué ella, en algunos aspectos, no era como las demás muchachas, por qué sus sueños eran distintos. Pero no encontraba respuesta. Sabía, eso sí, que un día todo tendría que aclararse. Y esperaba.

---

[1] Lc 1, 28.
[2] Lc 1, 26.

Otra de las cosas que debió desconcertar a María es por qué había nacido en ella aquel deseo de permanecer virgen. El ideal de todas las mujeres de su pueblo era el de envejecer rodeada de hijos. Por eso no se pudo oponer cuando los suyos decidieron desposarla con José. Pero no lo entendía: ¿Cómo quien sembró en su alma aquel ansia de virginidad aceptaba ahora que su familia le buscase un esposo? Inclinó la cabeza. Dios vería cómo combinaba virginidad y matrimonio. No se puso siquiera nerviosa: cosas más grandes había hecho Dios. Decidió seguir esperando.

El saber que era José el elegido debió de tranquilizarle mucho. Era un buen hombre. Un muchacho «justo y temeroso de Dios», un poco misterioso también, como ella. En el pueblo debieron de comentarlo: «Tal para cual». ¿Contó María a José su proyecto de permanecer virgen? Mi opinión es que probablemente no. ¿Para qué? Si era interés de Dios el que siguiera virgen, Él se las arreglaría para conseguirlo. ¿Y qué hizo entonces? Lo que siempre hacía: esperar.

Pero aquí no termina todo. El ángel Gabriel anuncia a María, cuando ya estaba desposada con José, cuando ya se les consideraba casados, que concebirá en su seno y dará a luz al Hijo del Altísimo. Pero todo esto sin la intervención de su esposo, porque sería obra del Espíritu Santo.

Es muy probable que María se planteara el problema de qué le diría a José, cómo le explicaría lo que nunca había sucedido y, por tanto, no se puede explicar: estar embarazada, pero ser virgen. María podía ser rechazada y expuesta como una pecadora, como una mujer que había traicionado a su esposo. Tendría que aceptar la posibilidad de comparecer ante José como una incontinente. Y, quizás por eso, María se moriría de ganas de aclarar a san José que ella no le había sido infiel, que allí no había ningún tipo de traición.

Pero claro, ella también pensaría. Sí. Muy bien. Y, ¿cómo se lo explico? ¿El Espíritu Santo ha descendido sobre mí y el poder del Altísimo me ha cubierto con su sombra? Claro. Súper comprensible. Lo normal. Lo que suele suceder en estos casos. Lo que suele suceder cuando una mujer se queda embarazada…

Y, ¿qué hizo una vez más María? Lo que siempre hacía. Supo dejarlo en manos de Dios. Confió en que, una vez más, sería Dios quien se encargaría de resolverlo. Y una vez más la Virgen supo esperar, y no se dejó llevar por prisas o impaciencias lógicas. Y en este caso, esperó mucho porque pasan unas cuantas semanas hasta que una mujer muestra signos externos evidentes de estar embarazada. Y ella sabía que terminaría mostrando esos signos evidentes. Y ella sabía que san José terminaría dándose cuenta. Pero María supo, una vez más, esperar pacientemente[3].

¡Cuánto podemos aprender de este modo de vivir de la Virgen! Porque, ¡cuánto nos cuesta esperar! ¡Cuántas veces nos puede un poco la impaciencia!

En 2021 circuló por las redes un audio breve que anunciaba la llegada del adviento, un tiempo litúrgico que nos habla también de la espera, de saber esperar. Dice así:

A nadie le gusta esperar. Vivimos en un mundo instantáneo en el que todo se retransmite al segundo, a golpe de tweet, de rt, de me gusta. Vivimos tan rápido que resulta imposible capturar los momentos. Desde que suena el despertador, odiamos la espera. Nos enfadamos si la cafetera va lenta, si el agua caliente tarda más de un minuto en salir de la ducha. Detestamos perder el tiempo: esperar al ascensor, al taxi, al metro, al autobús. Nos agobiamos si no tenemos respuestas al instante. Una vida en la que tres tonos de llamada son demasiados, casi tan largos como tres minutos de mensaje de voz. Por eso han inventado el por dos. Consumimos comida rápida porque su adjetivo nos cautiva y

---

[3] Cfr. José Luis Martín Descalzo, *Vida y Misterio de Jesús de Nazaret*, Sígueme, Salamanca 2013, pp. 70-71.

pedimos la compra a domicilio para tenerla a la de ya. Y todo por evitar la espera; esa espera que desespera. ¿Pero es que acaso no ves que casi todo lo que merece realmente la pena va precedido de una espera?[4].

La Virgen nos muestra la importancia de vivir sabiendo esperar. Necesitamos aprender de ella, y le pedimos que nos enseñe, porque la espera es un componente fundamental de la vida humana y de la vida cristiana.

Saber esperar es saber vivir en el tiempo. Necesitamos tiempo para salir de la infancia y de la adolescencia, para madurar, para aprender una profesión u oficio, para enamorarnos, para descubrir y asimilar verdades, para llevar a cabo un trabajo bien hecho. El labrador cuenta con el tiempo de espera de la cosecha; la madre cuenta con el tiempo de espera del hijo que va a nacer. La vida del hombre se desarrolla en diferentes y sucesivas etapas que son proyectadas y esperadas.

Pero no son actitudes frecuentes en la sociedad del interruptor, de las casas prefabricadas, de los cursos de idiomas acelerados, de la comida rápida, del *glovo*. Hoy nos cuesta cada vez más

---

[4] Adviento 2021. "Gente que espera".

adaptarnos al necesario ritmo de maduración de las cosas, porque la vida nos empuja a no detenernos, a no esperar.

No se aguarda pacientemente el desenlace de cada etapa de la vida. Se quiere todo aquí, ahora y cuanto antes. Y no dejamos que el transcurso del tiempo haga que las cosas maduren.

Queremos frutos inmediatos en la oración y en nuestra vida de relación con Dios. Y cuando no los vemos nos desanimamos con facilidad. Podemos llevar mucho tiempo intentando llenarnos de Dios, o tratando de ser almas de oración, o procurando quitar de nuestra vida un vicio o un defecto, o queriendo tener una fe grande… y tantas veces se nos acaba la paciencia. Nos cuesta esperar. Nos cuesta renunciar a los plazos que a nosotros nos parecen lógicos. Y nos impacientamos. Una impaciencia en nuestra vida espiritual que nos lleva a la desesperanza, a tirar la toalla, a perder la ilusión por seguir peleando, a perder las ganas por seguir luchando.

Todo necesita su tiempo. Todo tiene un proceso. También el crecimiento en la vida interior. Nadie te exige que seas perfecto hoy y ahora. Tampoco Dios. Aquí abajo siempre nos tocará esperar, porque siempre podremos mejorar, siempre podremos seguir creciendo. Siempre habrá cosas que cambiar, aspectos en los que luchar por amor a Dios y a las almas. Mientras vivamos en este mundo, nunca podremos decir que ya hemos llegado a la meta; lo que nos ayuda a reconocer nuestra limitación y vivir abiertos a algo mayor, más pleno. Por eso, en la vida interior, lo importante no es llegar, sino caminar siempre hacia delante. Lo importante es no detenerse, no instalarse cómodamente, no rendirse, no dejar de luchar.

Tenemos también una prisa exagerada por probarlo todo, por tener todo tipo de experiencias. Se plantea la vida como persecución continua de satisfacciones. Se busca la felicidad en el goce de los placeres inmediatos. El instinto debe ser liberado siempre y de forma total. Cualquier restricción o aplazamiento de la conducta instintiva se piensa que ocasionaría desequilibrio emocional e infelicidad.

Se nos mete en el cuerpo la prisa por vivir. Y la prisa es siempre negación; denota falta de confianza en la vida. Cuanto más despacio vivimos las cosas, mejor las conservamos. Cuanto más deprisa, más olvidamos. La prisa nos condena al olvido. Pasamos por las cosas sin habitarlas, hablamos con los demás sin escucharlos, acumulamos información que no llegaremos a profundizar.

«Despacio, virtud suprema del toreo; despacio, como se doma un caballo; despacio, como planean las águilas; despacio, como se besa y se quiere, como se canta y se bebe, como se reza y se ama, despacio»[5].

Nos encanta despachar las cosas, liquidar temas para pasar a otros, pero el problema es que despachando es como los seres humanos perdemos la vida tontamente, porque dejamos de saborearla. Nos ponemos a hacer cosas pensando: «A ver si acabo rápido con todo esto para después pasarlo bien». Nos olvidamos de que el maravilloso juego de la vida transcurre en el presente. Nuestra enorme capacidad de disfrutar se halla aquí y ahora, en las tareas cotidianas, en nuestra habilidad para apreciar y ponerle pasión a todo lo que hacemos.

Se nos mete también la impaciencia, la incapacidad de saber esperar, en las relaciones interpersonales. Para pasar del «estoy enamorado» al «amo», hace falta tiempo. Este tiempo es el del discernimiento, que nos lleva a pasar de la atracción a la donación. Este tiempo de discernimiento es lo que falta en muchas «pequeñas historias».

---

[5] Poesía de ÁLVARO DOMECQ. Rejoneador, empresario y político español.

Así como el ser humano no nace adulto —hay distintas fases en el desarrollo humano (bebe, niño, adolescente, adulto…)—, en el amor pasa lo mismo. Nuestras historias de amor no nacen adultas. Hay un proceso de maduración. Y por eso es bueno no quemar etapas. Es bueno vivir esas etapas para alcanzar todo el sabor posible que tiene ese amor.

Primero se coincide, y algo del otro nos llama la atención. Empieza a surgir una atracción. Nos vemos más a menudo, casi siempre en grupo. Un día empezamos a quedar a solas. Más adelante cenamos juntos. Y hablamos, hablamos mucho. Va pasando el tiempo y empezamos a conocernos mejor. Nos enamoramos. Comenzamos a salir. El trato se intensifica y, por tanto, el conocimiento del otro. Pasan los meses, y se va pasando el enamoramiento inicial, lo que nos facilita conocer más a fondo a lo otro y empezamos a ver sus defectos. Llega el momento de hablar mucho sobre nosotros. Y así, a la vez que crece el conocimiento mutuo, crece el amor como elección. De vez en cuando, incluso, nos aburrimos juntos. Pasan más meses todavía, incluso años, y empezamos a entender que el sentido de nuestra vida es hacer feliz y cuidar al otro. Y el deseo de entrega total crece. Y todo esto requiere tiempo. Ir sin prisas, despacio, sin intensidades altas, porque la velocidad impide la atención a los detalles, la velocidad lo atropella todo, y al final dificulta que vivamos con bien la vida que vivimos[6].

Estamos cansados de ver montones de pequeñas historias, de relaciones que no duran mucho, pues no han sido pensadas para poder durar. Se tenían ganas. Se han enganchado rápidamente, empujados por el deseo de un instante. Y han durado mientras se sentían bien juntos, hasta el día que se han dicho que ya no se tenían ganas, que ya no se sentía nada por el otro. Han salido juntos seis meses, un año, dos años… Relaciones que en muchos casos dejan huellas, dejan heridas que no se curan tan fácilmente; heridas que a veces lleva mucho tiempo curarlas bien.

«El noviazgo es la etapa de discernimiento y el matrimonio es la etapa de la entrega. Cuando en el noviazgo se dedica uno a entregarse en vez de a discernir, llega al matrimonio y comienza uno a discernir en vez de a entregarse»[7].

La tarea de conocer bien a alguien, discernir el carácter, es un proceso a largo plazo. No se puede

---

[6] Cfr. José Brage y Joan Costa, *Checklist. Para elegir pareja*, Palabra, Madrid 2023, Tip 8.

[7] José Ignacio Munilla, *Dios te quiere feliz,* Palabra, Madrid 2018.

pretender conocer verdaderamente el interior de una persona sin pasar con ella largos períodos de tiempo en diferentes situaciones, bajo muchas circunstancias.

«Hay que pasar juntos todos los días del calendario para conocer bien a alguien, días de sol y de lluvia, días cortos y largos; todas las estaciones, el verano con sus calores, la primavera que la sangre altera, el invierno que nos pone mustios; las Navidades con sus reuniones de familia; el comienzo y el fin de curso; etc.»[8].

No podemos cansarnos de decirnos y de decir que es posible esperar y que compensa esperar.

La espera es un ingrediente necesario de la felicidad, porque es un componente fundamental de la vida humana y de la vida cristiana.

Dios nos proyecta en el futuro de una manera muy prometedora. Él espera mucho de nosotros porque confía mucho en nuestras posibilidades. Él espera, sin impaciencias de ningún tipo, en nuestra plenitud, porque no duda de que la terminaremos alcanzando.

---

[8] José Brage y Joan Costa, *Checklist. Para elegir pareja*, Palabra, Madrid 2023, Tip 8.

# ABRAZÓ TODO LO NUESTRO[1]

*«Ella se turbó al oír estas palabras, y consideraba qué podía significar este saludo. Y el ángel le dijo:*

*—No temas, María, porque has hallado gracia delante de Dios: concebirás en tu seno y darás a luz un hijo, y le pondrás por nombre Jesús. Será grande y será llamado Hijo del Altísimo; el Señor Dios le dará el trono de David, su padre, reinará eternamente sobre la casa de Jacob y su Reino no tendrá fin.*

*María le dijo al ángel:*

*—¿De qué modo se hará esto, pues no conozco varón?*

*Respondió el ángel y le dijo:*

*—El Espíritu Santo descenderá sobre ti, y el poder del Altísimo te cubrirá con su sombra; por eso, el que nacerá Santo será llamado Hijo de Dios»*[2].

---

[1] Cfr. Pablo Arribas, *Cabeza, corazón y tripa. Amar es fácil si sabes cómo, cuándo y con quién*, Penguin Random House, Barcelona 2017, pp. 97-121.

[2] Lc 1, 28-38.

«Hágase en mí según tu palabra»[3]. Con estas palabras de María, Dios se hizo hombre. Con este sí de la Virgen, Jesucristo, perfecto Dios, asumió nuestra naturaleza humana. A la Anunciación del Arcángel Gabriel a María le sigue algo todavía más grande: la Encarnación del Hijo de Dios, la Encarnación del Hijo del Hombre.

En Andalucía, en el sur de España, están acostumbrados a distinguir las dos cosas, la Anunciación y la Encarnación. Si el ángel se representa con las alas levantadas, es una Anunciación, porque el personaje más importante es él, porque en ese momento está haciendo de embajador de Dios. En cambio, si María ya ha respondido, y ha dicho ese: «Sí, quiero», entonces el ángel se representa con las alas bajadas, porque está adorando a su Dios, que ya ha sido concebido en el seno de María, y se postra ante su Reina, ante la Madre de Dios.

Con este sí de María, Jesucristo, perfecto Dios, asumió nuestra naturaleza humana. ¡Qué importante es este acontecimiento para nosotros! ¡Es vital para que tú y yo conozcamos nuestra verdadera identidad! Porque Cristo

---

[3] Lc 1, 38.

revela el hombre al propio hombre[4]. Gracias a María, Cristo se hace hombre para mostrarnos nuestra verdadera identidad, para revelarnos a qué estamos llamados y hacerlo posible.

Dios se ha encarnado, se ha hecho uno de los nuestros, ha asumido nuestra naturaleza, para dignificar nuestra condición. Para mostrarnos lo mucho que valemos ante sus ojos, lo mucho que somos ante su mirada, lo mucho que confía en nosotros.

Jesús, sin dejar de ser Dios, es hombre perfecto, es plenamente humano. En Jesús, Dios se hizo hombre por completo, se confinó en esa humanidad que asumió. Este es el gran misterio de la Encarnación, y lo más asombroso que se haya conocido jamás.

Por eso san Pablo afirma: «Se anonadó a sí mismo tomando la forma de siervo, hecho semejante a los hombres, reducido a la condición de hombre»[5].

Jesús vivió su humanidad plenamente. Pensó con un intelecto que funcionaba como el nuestro. Tenía una voluntad como la nuestra, que conocía los obstáculos y los fracasos, el esfuerzo

---

[4] Cfr. Constitución pastoral del Concilio Vaticano II, *Gaudium et Spes,* n. 22.

[5] Phil. 2,7.

y el cansancio. Tenía un corazón como el nuestro, que necesita un consuelo, una correspondencia, y que también se cansa. Estaba hecho de nuestra misma pasta, y por eso nos entiende y comprende tan bien, tan desde dentro de esa misma humanidad.

Jesucristo participó plenamente de la vida del hombre: vivió una vida sencilla y normal, creció y aprendió, ejerció un oficio corriente y durante treinta años vivió una vida hecha de sucesos cotidianos. El Hijo de Dios, vivió de manera plena e intensa una vida humilde, en un lugar pequeño, en una aldea. Y así fue plenamente feliz, no buscó nada más.

Dios no viene como protagonista de la historia[6]. Dios entra en la historia y se pone en la cola con todos los demás seres humanos, se ve obligado a hacer fila como todo el mundo. No se cuela. No se cree mejor que el resto. Entra teniendo en cuenta las limitaciones precisas de ese momento histórico concreto. Todo un Dios que de verdad se hace uno más, se hace uno como nosotros. Sin privilegios. Sin distinciones. Sin exenciones. Sin tratos preferenciales. Abrazó todo lo nuestro. Confió en todo lo nuestro.

Dios, al hacerse hombre, al encarnarse, nos grita que nos ama como somos. Jesús hecho

---

[6] Vid. Lc 2, 1-7.

hombre nos dice que no tengamos miedo de amarnos, de amar lo nuestro, lo que somos. Jesús desde el seno de María nos grita a cada uno: «Ámate, porque yo te he amado como eres. He asumido tu condición, tu naturaleza. Ahora soy Dios, pero también hombre».

Y esto de amarnos a nosotros mismos a veces nos cuesta un poco. No se nos da tan bien como pensamos. Es fácil que en nuestra vida encontremos algo de insatisfacción, de pesimismo, de tristeza. A veces nos dejamos atrapar por nuestros complejos, inseguridades, defectos y limitaciones. Vivimos dejando que en nuestra cabeza estén constantemente presentes las cosas que vemos en nosotros que no nos gustan, que cambiaríamos, que quitaríamos, o que al menos mejoraríamos. Somos a veces auténticos especialistas en amargarnos la vida. En fijar la mirada en todo aquello que no tenemos, en nuestras carencias. En vivir echando de menos. En obsesionarnos con nuestros fracasos. Nuestros puntos débiles los nombramos de carrerilla y sin ni siquiera pensarlo mucho. Los hemos hecho tan nuestros, que no necesitamos que nadie nos los recuerde.

Somos auténticos especialistas a veces en vivir mirando hacia fuera, olvidando lo nuestro, lo que tenemos, lo que valemos. Estamos a veces empeñados en no querernos bien. En vivir sin abrazar cariñosamente nuestra propia vida.

Y es este modo de pensar y de vivir el que nos lleva a la tristeza. Nos introduce, apenas sin darnos cuenta, en un clima de frustración, de desilusión, de vacío, y en ocasiones de un vacío hondo que llega hasta a asustar. Nos sitúa en un ambiente de desgana, de apatía, de falta de ilusión por vivir, de preferir estar a solas con nosotros mismos sin hacer nada que no sea estar tumbados en la cama o en el sofá con el móvil o la tableta.

Pero tenemos que estar muy tranquilos y serenos porque el sí de María viene precisamente a sanar todo esto. La Encarnación viene a remediar nuestra tristeza, nuestra insatisfacción, a colmar nuestro vacío, a enseñarnos a querernos mejor. La Encarnación viene para llenarnos el corazón, para hacer que vivamos alegres. Gracias a María, Dios se encarna, se hace carne, para que nos digamos que sí a nosotros mismos, para que nos amemos bien.

Cuando valoramos todo lo bueno que tenemos, cuando nos creemos de verdad que Dios ha hecho una obra grande en nosotros, cuando reconocemos nuestra belleza y valor nos volvemos casi invencibles.

Cuando nos consideramos valiosos, nos reconocemos merecedores de amor y, como consecuencia, dejamos de buscarlo fuera.

Cuando sabes que tu fuente de amor no está fuera de ti, sino en ti, no vas detrás de nadie, no dependes de nadie, ni pones a nadie en un pedestal, ni te creas ídolos. Tratas a todos como iguales. No haces teatro, ni postureas, ni finges, ni llevas máscaras. Te expresas sin intentar quedar bien. No das amor para recibirlo. Decides de manera acertada a quién das tu número de teléfono, con quién sales, de quién te haces amigo y cuándo es auténtico prolongar o cortar una relación.

Vivir con la sensación de que estamos siendo sometidos a una evaluación continua es agobiante. Vivir buscando en todo momento dar la talla, o estar a la altura, es agotador. Vivir buscando la aprobación ajena es apostar por vivir en una tensión constante. Algo que nos termina rompiendo por dentro.

Cuando te reconoces valioso no necesitas que nadie te recuerde lo que vales. Todos somos portadores de una belleza única e irrenunciable, nos la muestra el Hijo de Dios al haberse hecho hombre, uno de los nuestros.

Nuestra eterna hermosura, nuestro valor, está siempre con nosotros. No es algo que desaparezca en algún punto de nuestra vida y debamos recuperar, sino que es más bien algo que olvidamos y debemos volver a recordar.

Desde que Dios asumió nuestra naturaleza, podemos estar seguros de que somos dignos de amor sin tener que ponernos máscaras, hacer grandes empresas, renunciar a nuestros sueños u ocultar nuestras creencias.

Podría ser que sin darnos cuenta nos hayamos ido transformando poco a poco en lo que la sociedad quiere, en lo que los demás quieren, creyendo que así mereceremos ser amados, pero lo único que hacemos es reforzar la creencia errónea de que no somos dignos de que nos amen siendo tal y como somos. Cada vez que te empeñas en ser lo que los demás esperan de ti, tu verdadero yo, sufre y te pregunta: ¿Por qué no me quieres como soy? ¿Por qué me tratas así? ¿Por qué me rechazas? ¿Por qué me quieres cambiar?

Cuando no nos amamos es cuando empezamos a arreglarnos o maquillarnos en exceso, cuando gastamos la mayor parte de nuestro tiempo y ahorros en el centro comercial, cuando tratamos de llamar la atención en las redes sociales compulsivamente. Y es, además, cuando nos volvemos carne de cañón ante aquellos impostores del amor que con dos o tres halagos ya nos hacen sentir valiosos.

Todos somos portadores de una belleza única e irrenunciable, nos la muestra el Hijo de Dios al haberse hecho hombre, uno de los nuestros.

Cuando nos convencemos de esto, no necesitamos ser los más guapos, o los más listos, o los más habilidosos, simplemente no nos importa.

Cuando te reconoces valioso, tienes la tranquilidad de no estar todos los días a prueba. Vives sin miedo a ser desechado y sustituido por un candidato más en forma. Vives en paz. Sin tensiones internas innecesarias.

Cuando te reconoces valioso, dejas de vivir dominado por la vergüenza. La vergüenza es un problema mayor de lo que imaginamos. ¡Por culpa de ella, perdemos tantas oportunidades de disfrutar de la vida! Por vergüenza, dejamos de conocer a personas maravillosas. Por vergüenza, dejamos de aprender porque no levantamos la mano para admitir que algo no lo hemos entendido. Por vergüenza, nos equivocamos más veces, porque la vergüenza de confesar el primer error nos hace cometer muchos otros. Por vergüenza dejamos muchas veces de ser nosotros mismos.

En una encuesta se comprobó que las personas tienen más miedo a hablar en público que a la muerte. El temor a hacer el ridículo es el miedo número uno en nuestra sociedad y uno de los mayores ladrones de nuestra felicidad y de nuestra identidad.

La experiencia de hacer el ridículo es un poco desagradable, pero no es el fin del mundo. La vergüenza no mata a nadie. Después de haber hecho el ridículo, la vida sigue igual.

Las personas más maduras y fuertes son aquellas que pueden verse con limitaciones y ser felices. Están por encima de la evaluación ajena. No les importa que se rían de ellas o que les critiquen tontamente y, entonces gozan de un mayor respeto de los demás.

Ser demasiado sensible con respecto a nuestra imagen es una debilidad. La solución no es defenderla a capa y espada, sino aprender a no darnos tanta importancia.

La vergüenza o el miedo al ridículo se sustentan en la creencia irracional de que la aprobación de los demás es algo esencial. Y la verdad es que no la necesitamos. Encuentras muy poca búsqueda de aprobación entre las personas felices y realizadas. Son capaces de funcionar sin la aprobación y el aplauso de los demás. Son gente que se acepta a sí misma sin quejas. Saben cuál es su aspecto físico y lo aceptan sin falsearlo. Se comportan con una naturalidad envidiable. No se esconden detrás de artificios y no viven disculpándose y pidiendo perdón por lo que son. Se quieren a sí mismos tal y como son.

Nosotros no tenemos que demostrar nada ante quienes nos aman de verdad, tal como somos, con nuestros talentos, dones, defectos o limitaciones. Delante de quienes nos aman de verdad podemos mostrarnos como somos.

Dios, al asumir nuestra carne, nos transmite este mensaje con toda su fuerza y su radicalidad. La Encarnación nos ayuda a amarnos como somos, a liberarnos de la vergüenza, a no vivir esclavizados por el miedo al ridículo, a no tener miedo al fracaso.

¿Dónde está escrito que un ser humano tenga que lograr cotas altas para sentir que es valioso? Cuando te ves hermoso o te sientes poderoso tal como eres, la vida se vuelve hermosa y te llenas de fortaleza. Puedes ir con cualquier cuerpo a cualquier playa o a cualquier piscina. Puedes presentarte con cualquier defecto a cualquier empresa. Puedes presentarte con cualquier traje o cualquier vestido a cualquier fiesta, porque cuando te amas, te adueñas de ti.

Dios, gracias al sí de María, se hace hombre y hace suya nuestra carne, para que no quieras estar en otra piel, para que te ames, para que te adueñes de ti, para que no tengas miedo a vivir siendo tú. Para que te convenzas de lo mucho que confía en todo lo nuestro. Él nos ha abrazado por completo, sin cambiar nada, sin hacer retoques, sin modificaciones de ningún tipo.

Jesús, al hacerse hombre, nos dice con mucha fuerza: Tú vales mucho, y no necesitas que nadie te recuerde lo que vales; reconócete merecedor de amor y deja de buscarlo fuera. No tengas miedo a ser tú mismo. Ahí es donde encontrarás la verdadera felicidad, porque ahí te encontrarás de verdad contigo mismo. La felicidad es no querer estar en otra parte. Amarse es no querer estar en otra piel. Tu verdadero valor está dentro de ti. Dios, haciéndose carne en el seno virginal de María, nos muestra lo mucho que confía en nosotros y en todo lo nuestro. Nos ayuda a darnos cuenta de que no tenemos motivos para desconfiar de nosotros mismos.

# NOS HA CREADO PARA LO IMPOSIBLE[1]

*María le dijo al ángel:*

*—¿De qué modo se hará esto, pues no conozco varón?*

*Respondió el ángel y le dijo:*

*—El Espíritu Santo descenderá sobre ti, y el poder del Altísimo te cubrirá con su sombra; por eso, el que nacerá Santo será llamado Hijo de Dios. Y ahí tienes a Isabel, tu pariente, que en su ancianidad ha concebido también un hijo, y la que llamaban estéril está ya en el sexto mes, porque para Dios no hay nada imposible[2].*

En el primer capítulo del evangelio de san Lucas no solo se nos habla de la anunciación del ángel Gabriel a María. Antes de esta, el evangelista nos

---

[1] Cfr. Audio "*La fede*" que se encuentra en la sección "*La Vergine*" en la página web: lapartemigliore.org de FABIO ROSINI.

[2] Lc 1, 34-37.

narra otra anunciación, la del ángel Gabriel a Zacarías, el marido de Isabel, la prima de la Virgen, de quien nacerá san Juan Bautista.

Estas dos anunciaciones, la de Zacarías y la de María, nos hablan de dos nacimientos imposibles.

El primer nacimiento era imposible porque tanto Zacarías como Isabel eran de edad avanzada, y además Isabel —nos lo dice también la escritura— era estéril. Complicado dar a luz un hijo si eres estéril y además de edad avanzada.

El segundo nacimiento era imposible porque María quería ser Virgen y no conocía varón. Complicado dar a luz a una criatura si tu deseo es permanecer virgen.

Al tratarse de dos nacimientos imposibles, era muy lógico que Zacarías y María manifestaran sus dudas. Aparentemente, las dudas que manifiestan Zacarías y María son muy parecidas. Pero, sin embargo, la reacción del arcángel Gabriel es totalmente diferente.

A Zacarías el arcángel del Señor le dice: «Desde ahora, pues, te quedarás mudo y no podrás hablar hasta el día en que sucedan estas cosas, porque no has creído en mis palabras, que se cumplirán a su tiempo»[3].

---

[3] Lc 1, 20.

Y a María, sin embargo, Gabriel le contesta de un modo muy distinto: «El Espíritu Santo descenderá sobre ti, y el poder del Altísimo te cubrirá con su sombra; por eso, el que nacerá Santo será llamado Hijo de Dios»[4].

¿Por qué la reacción del arcángel Gabriel es distinta? Porque, aunque las preguntas de María y Zacarías parecen similares, realmente no lo son.

Zacarías pregunta: «¿Cómo podré yo estar seguro de esto? Porque ya soy viejo y mi mujer de edad avanzada»[5]. Mientras que María lo hace de manera bien distinta: «¿De qué modo se hará esto, pues no conozco varón?»[6].

Zacarías quiere entender lo que le va a suceder. Quiere estar seguro de cómo es posible que vaya a suceder lo que se le está diciendo. Quiere entender cómo es posible que su mujer Isabel, de edad avanzada, estéril, con la que ha vivido ya muchos años, a la que conoce muy bien, vaya a tener un niño.

María, sin embargo, no quiere entender, sino simplemente saber cómo sucederá. Quiere saber de qué modo se hará. Ella no busca una seguridad personal.

---

[4] Lc 1, 35-36.
[5] Lc 1, 18.
[6] Lc 1, 34.

Nosotros tantas veces somos un poco más como Zacarías. A nosotros muchas veces lo que nos gusta es entender. Lo que queremos es entender, entenderlo todo perfectamente. Que todo cuadre, que todo me cuadre. Tenerlo todo bajo control. Si no, nos negamos rotundamente a dar un paso. Si no, no hacemos nada.

Así empezó todo. El pecado original fue un problema de que Adán y Eva querían entenderlo todo. Por eso comieron del árbol prohibido, del árbol del conocimiento del bien y del mal[7].

El hombre había sido creado para el árbol de la vida y no para el árbol del conocimiento del bien y del mal con el que se suponía que el hombre entendería todo. Porque ese árbol simboliza el conocimiento de todo, de cualquier cosa, porque el bien y el mal nos hablan de los dos extremos del saber.

Y hemos sido creados para el árbol de la vida, porque tú y yo hemos sido creados para vivir, y no para entenderlo todo. Hemos sido creados para vivir aceptando nuestros límites en el entender y en el comprender.

Se atribuye a san Agustín el siguiente suceso. Paseaba el santo de Hipona por la playa, pensando en el misterio de la santísima Trinidad y en

---

[7] Vid. Gn 3.

cómo explicarlo. De súbito, interrumpió su meditación la vista de un niño solitario que jugaba en la arena: extraía agua del mar con una concha y la echaba en un hoyo en el suelo.

—¿Qué haces ahí?

—Voy a poner dentro toda el agua del mar.

El niño siguió con su ocupación. Sonrió san Agustín y continuó su camino, pero enseguida cayó en la cuenta de la lección que acababa de recibir: él intentaba algo mucho más difícil, meter en el mísero agujero del entendimiento humano la inmensidad del misterio de Dios[8].

Si nos empeñamos en entender todas las cosas, las cosas dejan de ser útiles porque permanecen empobrecidas dentro de nuestra cabeza, dentro de nuestra pobre racionalidad. Las aprisionamos, las empobrecemos, las empequeñecemos.

Cuando llegan los momentos en nuestra vida en que Dios nos está pidiendo que nos fiemos de Él, y entonces decidimos apostar por el árbol del conocimiento del bien y del mal, es decir, decidimos apostar por entenderlo todo, y como Zacarías preguntamos: ¿Cómo podré yo estar seguro de esto?, estamos destinados a una limitación muy grande. Porque Dios no quiere limitarse a

---

[8] Julio Eugui, *Mil anécdotas de virtudes*, Rialp, Madrid 2004, p. 261.

hacer en nuestra alma aquello y solo aquello que a nosotros nos parece justo. Dios no quiere limitarse a hacer en nosotros lo que a nosotros nos parece correcto.

La fe es dejar que Dios de verdad irrumpa en nuestra vida. Es darle a Dios el mando, el volante de nuestra existencia. No se trata de entender. Se trata de secundar, de dar el asentimiento de nuestra inteligencia, abriendo el corazón de par en par a Dios.

Collins, hombre muy conocido en Inglaterra y famoso por su incredulidad, se encontró en cierta ocasión con un obrero que se dirigía a la iglesia.

—¿Cómo es tu Dios, grande o pequeño? —preguntó Collins con ironía.

—Es tan grande que tu cabeza no es capaz de concebirlo, y tan pequeño, que puede habitar en mi corazón[9].

¡Cuánto nos cuesta a veces convencernos de que Dios no cabe en nuestra cabeza! ¡Cuánto nos cuesta convencernos de que es normal que no entendamos a Dios! Y por eso, nos sucede a veces que, si algo no pasa por el pequeño canuto de nuestra inteligencia, lo rechazamos inmediatamente.

---

[9] Julio Eugui, *Mil anécdotas de virtudes*, Rialp, Madrid 2004, p. 262.

¡Cuánto nos cuesta a veces renunciar a nuestro criterio, a nuestra opinión, a nuestra experiencia!

La fe es dejar de lado la sublimación de nuestros pensamientos y de nuestras fuerzas para abandonarnos en las manos de Dios, en su omnipotencia, en su fuerza, en sus palabras y en sus obras. La fe es no encajonar la obra de Dios en nuestras propias categorías, sino abrirnos a su potencia, a su grandeza. La fe consiste en abrirnos a Dios, a sus planes, a sus designios salvíficos, a sus planes de salvación.

Dios nos anima a trascender nuestro pequeño mundo de lo probable y aprender a vivir para el mundo posible de Dios. Él confía en que tú y yo somos capaces de vivir para cosas que parecen imposibles, porque para Dios todo es posible. Él nos llama a vivir una vida que está por encima de nuestra naturaleza. Él nos llama a vivir una vida sobrenatural, su propia vida, su misma vida. Hasta ese punto llega su confianza en nosotros.

María sabe que Dios le está hablando de algo que no es para nada probable. ¿Qué probabilidad hay de ser madre sin conocer a un varón? ¿Cómo de probable es ser madre y virgen al mismo tiempo? Humanamente hablando, no existe ninguna probabilidad de que esto suceda. Pero ya se ve que sí es posible. Porque de hecho así fue. María fue madre sin conocer varón. María fue madre y virgen al mismo tiempo. No era en absoluto probable, pero para Dios todo es posible.

Así actuó también san José, el esposo de María. Nos lo cuenta el evangelista Mateo:

La generación de Jesucristo fue así: María, su madre, estaba desposada con José, y antes de que conviviesen se encontró con que había concebido en su seno por obra del Espíritu Santo.

*José, su esposo, como era justo y no quería exponerla a infamia, pensó repudiarla en secreto. Consideraba él estas cosas, cuando un ángel del Señor se le apareció en sueños y le dijo:*

*—José, hijo de David, no temas recibir a María, tu esposa, porque lo que en ella ha sido concebido es obra del Espíritu Santo.* Dará a luz un hijo y le pondrás por nombre Jesús, porque él salvará a su pueblo de sus pecados. Todo esto sucedió para que se cumpliera lo que dijo el Señor por medio del Profeta: Mirad, la virgen concebirá y dará a luz un hijo, a quien pondrán por nombre Emmanuel, que significa Dios—con—nosotros.

Al despertarse, José hizo lo que el ángel del Señor le había ordenado, y recibió a su esposa. Y, sin que la hubiera conocido, dio ella a luz un hijo; y le puso por nombre Jesús[10].

---

[10] Mt 1, 18-25.

San José descubre que la mujer a la que quiere y en quien confía está esperando un hijo. Sabe perfectamente que la criatura que hay en el seno de su esposa no es suyo. Pero, san José, pese a no entender nada de lo que está sucediendo, sigue confiando mucho en su esposa María. Sabe que no puede ser lo que parece, a pesar de que es muy probable que lo sea. Desconfía de que pueda haber sucedido algo así, pese a las evidencias. Por eso decide repudiarla en secreto.

Pero san José sabe que esa no es la solución correcta. No era fácil mantener en secreto un repudio, pues era cuestión de tiempo que sus conciudadanos se enteraran y, por tanto, dejara de ser secreto. Por eso el evangelio dice: «Consideraba él estas cosas cuando un ángel del Señor se le apareció en sueños»[11]. Él seguía considerando, porque no le convencía lo de repudiarla en secreto. En la razón no ha encontrado soluciones. Después de mucho pensar, no da con una respuesta clara al problema que se le plantea. La razón se rinde porque no hay modo de salir de ahí.

Y entonces, cuando la razón no encuentra una salida, llega el sueño de san José. Llega al lugar donde uno ya no controla, donde hay mucho que ya no depende de uno mismo. El sueño, en

---

[11] Mt 1, 20.

José, es el lugar en el que desarrolla su capacidad espiritual de releer las cosas a la luz de Dios, donde tiene la capacidad de imaginar una nueva posibilidad. Es en el sueño donde se le pide a José que se abra a una vida de fe, donde se le pide la desobediencia a la lógica y que su vida no se limite a lo probable, sino que se abra a lo posible.

San José es un soñador, y por eso vive abierto a los planes de Dios. El nombre de san José, no en vano, significa precisamente "Dios añadirá". San José está abierto a lo posible, acepta que María sea madre y al mismo tiempo Virgen. Si se hubiese quedado en la probabilidad, en lo meramente racional, jamás habría aceptado esta realidad.

La fe no es tener todo claro. Es caminar por un camino que muchas veces es el camino de las sombras, de la oscuridad. No estamos llamados a caminar por el camino que siempre hemos visto claro nosotros, por el camino que entendemos nosotros. Se nos pide algo más. Si queremos que en nosotros, en nuestras vidas, por obra de Dios, aparezca algo extraordinario necesitamos ir más allá de lo ordinario. Si vale la pena tener fe es porque la fe nos lleva a una vida extraordinaria.

Dice san Josemaría en Camino: «La gente tiene una visión plana, pegada a la tierra, de dos dimensiones. Cuando vivas vida sobrenatural obtendrás de Dios la tercera dimensión: la altura, y con ella, el relieve, el peso y el volumen»[12].

La fe no viene a achicar las aspiraciones nobles que hay en el corazón humano. Viene a elevarlas y engrandecerlas. Las cosas más corrientes y ordinarias adquieren relieve de eternidad, grandeza de infinitud.

Debemos dejar el volante a Dios, cederle la palabra a Dios, escucharle más a Él que a nosotros. Debemos estar dispuestos a entrar en una realidad que no entendemos de modo inmediato. Así amaremos a Dios según el modo que nos propone el místico español: «En la fe amamos a Dios sin entenderle»[13].

Después entenderemos, ¡no te quepa ninguna duda! Entenderemos y entraremos en un mundo mucho más maravilloso del que jamás habríamos imaginado.

Te traigo aquí esta pequeña reflexión que ha circulado mucho por las redes:

Cuando yo era pequeño, mi mamá solía coser mucho. Yo me sentaba cerca de ella y le preguntaba

---

[12] San Josemaría Escrivá, *Camino* n. 279.
[13] San Juan de la Cruz, Llama de amor viva, Canción 3, estrofa 3.

qué estaba haciendo. Ella respondía que estaba bordando.

Observaba el trabajo de mi mamá desde una posición más baja que donde estaba sentada ella, así que siempre me quejaba diciéndole que desde mi punto de vista lo que estaba haciendo me parecía muy confuso.

Ella me sonreía, miraba hacia abajo y gentilmente me decía: «Hijo, ve afuera a jugar un rato y cuando haya terminado mi bordado te pondré sobre mi regazo y te dejaré verlo desde mi posición».

Me preguntaba por qué usaba algunos hilos de colores oscuros y por qué me parecían tan desordenados desde donde yo estaba. Unos minutos más tarde escuchaba la voz de mi mamá diciéndome: «Hijo, ven y siéntate en mi regazo».

Yo lo hacía de inmediato y me sorprendía y emocionaba al ver la hermosa flor o el bello atardecer en el bordado. No podía creerlo; desde abajo se veía tan confuso...

Entonces mi mamá me decía: «Hijo mío, desde abajo se veía confuso y desordenado, pero no te dabas cuenta de que había un plan arriba. Había un diseño, solo lo estaba siguiendo. Ahora míralo desde mi posición y sabrás lo que estaba haciendo».

Muchas veces a lo largo de los años he mirado al cielo y he dicho: «Padre, ¿qué estás haciendo? Él responde lo siguiente: «Estoy bordando tu vida». Entonces yo le replico: «Pero se ve tan confuso, es un desorden. Los hilos parecen tan oscuros, ¿por qué no son más brillantes?». Y Dios parece decirme: «Mi niño, ocúpate de tu trabajo... que yo estoy haciendo el mío. Un día te traeré al cielo y te pondré sobre mi regazo y verás el plan desde mi posición. Entonces entenderás...».

Dios a nosotros nos pide lo mismo que a san José, que a Zacarías y que a María. «Y ahí tienes a Isabel, tu pariente —le dice en Arcángel Gabriel a la Virgen—, que en su ancianidad ha concebido también un hijo, y la que llamaban estéril está ya en el sexto mes, porque para Dios no hay nada imposible»[14]. Nos pide que no tengamos miedo a soñar, que dejemos de calcular y de medirlo todo. Nos pide que nos abramos al mundo de lo posible, al mundo de Dios, donde suceden cosas que para nosotros podrían resultar imposibles, pero que para Dios no lo son. Vivir para el mundo posible de Dios siempre da a nuestra vida una mayor apertura. Nos permite trascender nuestro pequeño mundo de lo probable.

Dios confía en que tú y yo somos capaces de vivir para cosas que podrían parecer imposibles. Él nos llama a vivir una vida que está por encima de nuestra naturaleza. Él nos llama a vivir una

---

[14] Lc 1, 36.

vida, a través de la fe, de la confianza en Él, que es sobrenatural. Nos llama a vivir su propia vida, su misma vida, porque Él sabe que estamos perfectamente capacitados para vivir la vida divina de los hijos de Dios. Hasta ese extremo llega su confianza en nosotros.

# SUS DESEOS SON NUESTROS DESEOS

*«He aquí la esclava del Señor, hágase en mí según tu palabra»*[1].

Seguimos contemplando la escena de la Anunciación. El momento en el que el arcángel Gabriel anuncia a la Virgen que Dios ha pensado en ella para que, si quiere, sea la Madre de Dios. En la respuesta que da María a Gabriel, en la respuesta que da nuestra Madre a Dios, descubrimos cuál es su verdadera identidad.

María se identifica con algo, «he aquí la esclava del Señor», y esa identificación da sentido a su respuesta, «hágase en mí según tu palabra». El porqué del sí, responde a lo que ella se sabe, a lo que ella es, a su identidad más profunda.

María da su respuesta a Gabriel, da su sí, al decir «hágase en mí según tu palabra». Por tanto,

---

[1] Lc 1, 38.

habría sido suficiente con esta respuesta. Pero la Virgen no dice solo sí. La Virgen, antes de dar su consentimiento a Dios, quiere desvelar quién es ella realmente y, por eso, dirá: «He aquí la esclava del Señor». «Yo soy la esclava del Señor, la sierva de Dios. Dios es mi Señor, mi único Señor». Con estas palabras, nuestra Madre quiere mostrarnos el fundamento de su sí, decirnos quién es ella realmente y desvelarnos los deseos más profundos de su corazón.

Esta respuesta de María, «he aquí la esclava del Señor», simplifica por completo su vida. Muestra el motivo de su existencia y lo que da sentido a su vida. Esta es ya su identidad más profunda, donde todo lo demás cobra sentido. Este es el camino donde María encontrará su plena realización, su mayor libertad.

Podría parecer que esclava fuera lo opuesto a libre. Sin embargo, María nos ayuda a entender que la mayor libertad consiste en entregarse por completo al Amor, pues solo puede darse por entero quien verdaderamente se tiene a sí mismo. Por eso la Virgen se entrega con la plena libertad del amor.

Al igual que María necesitamos descubrir quiénes somos realmente, el sentido de nuestra existencia. Solo entonces todos los demás aspectos de nuestra vida cobrarán verdadero relieve, se ordenarán a la realización de nuestra verdadera identidad.

Podrían clasificarse los distintos modos de vivir en tres grandes posibilidades.

La primera posibilidad consiste en vivir sin una dirección clara, improvisando, reaccionando simplemente al compás de las circunstancias externas, de los acontecimientos, de nuestros estados de ánimo y de la intensidad de nuestras emociones.

La segunda posibilidad sería vivir con una dirección clara, sin improvisar, pero sin marcar nosotros esa dirección. Dejamos que sean otros los que nos marquen la dirección que tenemos que seguir, los que decidan por nosotros. Vivimos entonces dejándonos llevar por las provocaciones y la moda del momento, por eslóganes. Lo hago porque lo hacen todos. Lo hago porque es lo que se lleva.

Por último, cabe también la posibilidad de vivir habiendo elegido personalmente un proyecto vital. Aquí también hay dirección, pero esta vez la dirección la pongo yo. Ya no decide nadie por mí. Decido yo mismo hacia dónde me dirijo y qué quiero hacer con mi propia vida.

Creo que el camino más motivante es el último. Ya Aristóteles, en sus primeras líneas de la *Ética a Nicómaco*, nos animaba a vivir así:

«Seamos con nuestras vidas como arqueros que tienen un blanco».

Depende exclusivamente de cada uno elegir cómo quiere vivir: improvisando, dejando que sean otros los que decidan, o decidiendo nosotros mismos hacia dónde queremos ir, qué queremos ser, en qué nos queremos convertir, qué queremos construir con nuestras vidas.

No se trata de una elección indiferente. Hay personas que sufren porque no saben qué quieren hacer con su vida, porque nunca han tomado contacto con el deseo más profundo de su corazón, porque no se han parado a pensar qué quieren hacer, o porque no se atreven a ser lo que realmente quieren ser. Existen personas que viven acallando los gritos de su corazón que clama por una libertad y felicidad verdaderas[2].

Muchos prefieren camuflarse en la multitud y esconder su voz y sus desafines entre el coro. Pocos se atreven a dar un paso al frente y cantar a *capella* un solo.

Somos, a veces, como hámsters corriendo en una rueda, o como los caballos de un tiovivo. Nos movemos, pero sin avanzar. Nos movemos, pero no vamos a ningún sitio. Simplemente damos vueltas sin sentido, sin rumbo definido. Vivimos

---

[2] Cfr. Audiencia PAPA FRANCISCO 12 octubre 2022.

sin una dirección, sin dejarnos guiar por los sueños y anhelos más íntimos de nuestra alma.

Quizá recuerdas el diálogo entre el gato y Alicia, la del país de las maravillas.

Pregunta Alicia al gato:

—¿Te importa decirme, por favor, qué camino debo tomar desde aquí?

—Eso depende en gran medida de adónde quieres ir —dijo el gato.

—¡No me importa mucho adónde...! —dijo Alicia.

—Entonces, da igual la dirección —respondió el gato.

El papa Francisco en su viaje apostólico a Canadá en 2021 nos decía:

Recuerda tu vocación a tender hacia lo alto, sin dejarte tirar abajo por quien quiere hacerte creer que es mejor pensar solo en ti mismo y usar el tiempo que tienes únicamente para tu diversión y tus intereses. Amigo, no estás hecho para "ir tirando", para pasar las jornadas equilibrando deberes y placeres, estás hecho para volar alto, hacia los deseos más verdaderos y hermosos que tienes en el corazón, hacia Dios para amarlo y hacia el prójimo para servirlo[3].

---

[3] Papa Francisco, Viaje a Canadá, 6 de diciembre de 2021.

A eso estamos llamados nosotros: a volar alto, hacia los deseos más verdaderos y hermosos que tenemos en el corazón. Ese es precisamente el contenido de nuestra vocación: los deseos de Dios para que se hagan realidad los deseos más profundos que tenemos en el corazón. No un deseo cualquiera, sino aquellos deseos que hacen que nosotros nos convirtamos de verdad en la persona que estamos llamados a ser. Él confía mucho en esos deseos que laten en lo más hondo de nuestro ser, porque confía mucho en nuestra libertad y en nuestra capacidad de amar.

Como dice Fernando Ocáriz: «El Señor quiere que nuestra libertad —con la gracia, que no nos quita la libertad, sino que la perfecciona— tenga un papel decisivo en la respuesta y, por tanto, en la configuración misma de la vocación»[4].

La primera huella de la voluntad de Dios, de nuestra vocación, no se encuentra fuera de nosotros, sino en aquello que de verdad deseamos. Lo que Dios quiere de ti, es lo que realmente quiere tu corazón. Lo que quiere tu corazón cuando no se traiciona a sí mismo y no se deja llevar por la pereza, el egoísmo, el miedo, el apego desordenado a los bienes de este mundo.

---

[4] Fernando Ocáriz, Carta pastoral 28-X-2020, n. 3.

Es bonito pensar que Dios no quiere que seamos una especie de ejecutores de una vida o de un guion que nada tiene que ver con nosotros. Es más, Él siempre da la impresión de que toma como punto de partida nuestros deseos más hondos. No se pone nunca en contra de los deseos más profundos que hay en cada uno de nosotros, porque Él mismo es quien ha puesto en nosotros esa sed de absoluto, de plenitud, de eternidad.

En el episodio evangélico del ciego Bartimeo, la pregunta de Jesús parece banal, ingenua. Mira lo que dice el evangelio: «En cuanto se le hubo acercado, le preguntó: «¿Qué quieres que haga por ti? Él, dijo: Señor, que recobre la vista. Jesús le dijo: recobra la vista. Tu fe ha salvado»[5]. ¿No resulta bastante obvio qué es lo que puede desear un ciego? Es evidente que Jesús ya conoce la respuesta, pero es ese hombre quien debe decir en voz alta lo que desea.

Mira cómo describe el papa, en la encíclica *Dilexit nos*, el proceso de discernimiento vocacional: «Lo mejor es dejar brotar preguntas decisivas: quién soy realmente, qué busco, qué sentido quiero que tengan mi vida, mis elecciones o mis acciones; por qué y para qué estoy en este mundo, cómo querré valorar mi existencia

---

[5] Mc 10, 51-52.

cuando llegue a su final, qué significado quisiera que tenga todo lo que vivo, quién quiero ser frente a los demás, quién soy frente a Dios. Estas preguntas me llevan a mi corazón»[6].

Nuestra Madre, la Virgen, nos muestra cómo vale la pena vivir. Ella no duda en decir que sí a las hermosas aspiraciones que tenía en su corazón, porque sabe que es el mejor modo de no traicionarse a sí misma y de decir que sí a su verdad y belleza más íntima. Y por eso no duda en contestar a Dios: «He aquí la esclava del Señor, hágase en mí según tu palabra». Diciendo que sí a Dios, está afirmándose a sí misma. Está diciendo que sí a su propia identidad.

No es fácil encontrarse con personas que piensen sobre su vocación de una manera positiva. Se le tiene mucho miedo a la palabra vocación y se tiende a cargar de negatividad esta realidad. Para muchos es una palabra tabú, de la que no quieren oír hablar, porque les produce un fuerte rechazo.

A mi juicio, esto se debe a que, cuando pensamos en la realidad de nuestra vocación corremos el riesgo de verla como algo que nos viene desde fuera, que se nos impone, donde nadie nos pregunta y en donde, por tanto, no parece

---

[6] Papa Francisco, Encíclica *Dilexit nos*, n. 8.

que tengamos escapatoria. En definitiva, se ve la vocación como una suerte de destino inevitable que, en lugar de liberarnos, nos esclaviza y acaba por marchitar cada uno de nuestros sueños. Una realidad en la que uno no tiene ningún protagonismo, donde uno no tiene nada que decir ni que aportar. La fatalidad del destino que ha querido que llenemos nuestro corazón con unos sueños que no son los nuestros. Un fardo pesado que te cae encima cuando empiezas a tomarte un poco más en serio a Dios.

A veces estamos casi convencidos de que, si le preguntamos a Dios qué quiere de nosotros, nos pedirá siempre lo más difícil y costoso; aquello que no nos atrae o que incluso nos repugna, generándonos una angustia que nos quita la paz.

¡Cuántos piensan que acercarse demasiado a Dios hará que Él te complique la vida! ¡Como si no supiéramos ya complicarnos la vida nosotros solos, sin ayuda de nadie!

¡Cuántos dejan de rezar porque piensan que acercarse demasiado a Dios puede ser muy arriesgado, porque terminarás haciendo algo que no quieres hacer!

Todo esto nada tiene que ver con la vocación.

Mira, sin embargo, cómo define el Papa la vocación: «Es la hora en que el tiempo y lo eterno se encuentran en tu vida. Y en una decisión buena, correcta, se encuentra la voluntad de Dios con nuestra voluntad; se encuentra el camino presente con el eterno. Tomar una decisión correcta, después de un camino de discernimiento, es hacer este encuentro: el tiempo con lo eterno»[7].

Para el papa la vocación es un encuentro. El tiempo que se encuentra con lo eterno. Un encuentro de enamorados, de anhelos y esperanzas, de sueños y deseos, porque Sus deseos son tus deseos. Un encuentro de aspiraciones grandes que llenan de verdad el corazón. Un diálogo de voluntades.

La vocación no es, por eso, una imposición que me viene desde fuera, una realidad que no tengo por qué querer, porque no depende de mí. Dios no nos ha hecho libres para todo, menos para nuestra vocación. Dios no nos ha hecho libres para todo, menos para aquello a lo que vamos a dedicar nuestra vida entera. Dios no quiere que hagamos con nuestra vida algo que no queremos hacer. Dios espera tu sí. Como esperó al sí de María. Dios quiere que seamos hijos libres y no esclavos… porque el amor solo puede vivirse en libertad. Dios confía en tu libertad. Dios confía en tus sueños. Dios confía en las aspiraciones auténticas que habitan en tu corazón.

---

[7] Audiencia del PAPA FRANCISCO 31 agosto 2022.

En este sentido, Fernando Ocáriz dice lo siguiente:

> Hay un plan de Dios para cada uno; pero no estamos «programados»: sería rebajar a Dios a nuestra pobre altura. Nosotros solo podemos programar cosas sin albedrío, y no siempre nos sale bien; Dios, en cambio, es capaz de impulsar nuestra libertad sin violentarla. Dios gobierna la historia humana hasta en los menores detalles; pero la historia depende también de la libertad humana. Esto no es una limitación al poder de Dios, pues Él es el creador de nuestra libertad; más bien manifiesta su infinita sabiduría y omnipotencia, que cumple sus planes no a pesar de la libertad humana, sino contando con ella. El futuro está realmente abierto a la acción de nuestra libertad[8].

Dios quiere que seas tú mismo, que no te traiciones. Dios quiere que tomes las riendas de tu vida y no dejes a otros que decidan por ti. Dios quiere que te decidas a volar alto, para dar alcance a esas esperanzas grandes a los que aspiras. Él quiere ayudarte a descubrir lo que realmente eres, lo que realmente quieres, porque Él quiere que te

---

[8] FERNANDO OCÁRIZ, *Sobre Dios, la Iglesia y el mundo*, Rialp, Madrid 2013, capítulo IX.

realices plenamente, para que seas feliz aquí en la tierra y después para siempre en el cielo.

Cuenta la leyenda que el emperador Carlos V se encontraba a la cabecera de la cama de uno de sus más fieles servidores, ya moribundo.

—Pedidme recompensa de vuestros méritos, y si es posible para disminuir vuestros padecimientos, el favor que queráis.

Respondió el enfermo:

—Señor, todo lo que os pediría sería que prolongaseis mi vida por algunos días.

Replicó el emperador:

—¡Qué desgracia! Yo no lo puedo; los poderosos de la tierra no disponen de un solo minuto de la vida del hombre.

Y el enfermo:

—¡Qué insensato he sido! He consagrado mi vida entera al servicio del emperador, y su poder no alcanza para concederme un solo día de existencia. Si, en cambio, hubiera servido mejor a mi Dios, podría esperar una recompensa eterna, una felicidad sin fin[9].

Dios no te pide nada, sino que te lo da todo. Dios no te quita nada, ni te roba, sino que te lo regala todo. Él está muy empeñado en que vayas

---

[9] Julio Eugui, *Mil anécdotas de virtudes*, Rialp, Madrid 2004, pp. 621-622.

por el camino que conduce a la felicidad. Por eso huir de Dios, es huir de tu felicidad, porque huir de Dios, supone huir de ti mismo. Sus sueños son tus sueños.

Dios nos anima a que nos atrevamos a ser nosotros mismos. Nos anima a que actuemos con plena libertad, para que amemos de verdad. Él nos dice: «Ama, sin miedo, como tú eres, acepta quien eres y da como quien eres porque, siendo quien verdaderamente eres, Dios está feliz».

# NACIDOS PARA AMORES GRANDES

*«Por aquellos días, María se levantó y marchó deprisa a la montaña, a una ciudad de Judá; y entró en casa de Zacarías y saludó a Isabel. Y cuando oyó Isabel el saludo de María, el niño saltó en su seno, e Isabel quedó llena del Espíritu Santo (…). María permaneció con ella unos tres meses, y se volvió a su casa»*[1].

María no se lo pensó. Poco tiempo después de que el Ángel la dejara, se marchó con prisa a atender a su prima Isabel porque era ya de edad avanzada y estaba embarazada de seis meses.

María dejó atrás la tranquilidad de Nazaret, en la fértil región de Galilea, para emprender una travesía que no era ni corta ni sencilla. El viaje duraba varios días —quizás cuatro o cinco—, cubriendo aproximadamente 160 kilómetros de terreno variable. En algunos puntos, el desafío no era tanto la distancia como el desnivel.

---

[1] Lc 1, 39-41.56.

Ya en las áridas y montañosas tierras de Judea el camino se volvía rocoso, escarpado y sinuoso. Finalmente, tras días de polvo, sol y caminos pedregosos, María vislumbró las colinas circundantes a Jerusalén. Su destino era una pequeña ciudad, tradicionalmente identificada como Ain Karem, en las afueras de la gran urbe.

A María le dio igual la dificultad y la duración del viaje. Lo único importante era que su prima requería de su ayuda. Este es uno de los episodios de la vida de la Virgen en los que ella nos enseña a vivir amando. Ella es la Madre del Amor Hermoso. Ella nos muestra cómo es el amor verdadero, el amor auténtico. Ella nos muestra el verdadero significado del amor. De ella podemos aprender «la nobleza del amor»[2].

Incluso detrás de fachadas de indiferencia, en el fondo de los corazones más heridos, al lado de grandes debilidades, hay una sed de lo verdadero, la intuición de que todos estamos hechos para un gran amor, ¡el único que nos puede colmar! En el fondo todos queremos que nuestros amores sean bellos, sean hermosos. Todos queremos tener un corazón puro. La pureza de un metal acrecienta su valor. El oro, cuanto más puro es, más vale. La pureza de una sustancia, de un

---

[2] Cfr. Josemaría Escrivá, *Conversaciones* n.105.

líquido, intensifica su poder. La pureza del corazón aumenta el valor del ser humano.

El insigne romanista Álvaro d'Ors quiso terminar su carrera docente con una reflexión sobre la dinámica del amor y su expresión en forma de servicio. En su última clase anunció que iba a ofrecer a los presentes un regalo especial. Puesto que no tenía riqueza material que compartir, había pensado regalar a sus alumnos un anillo, que podríamos llamar el anillo del alma. Dibujó una doble circunferencia en la pizarra, y, en su interior, las palabras: SI - VALES - SI - AMAS - SI - SIRVES. Y lo comentó: si yo tuviese oro, yo les daría el anillo de oro, con esta inscripción grabada: VALES SI AMAS, y esto diríamos es lo más importante; continúa AMAS SI SIRVES: está puesto hacia abajo, porque para servir hace falta estar cabeza abajo; y finalmente SIRVES SI VALES. Y entonces queda: «Vales si amas, amas si sirves, sirves si vales. Le pueden dar vueltas al anillo, y que sea un recuerdo para el resto de su vida[3].

Esto es lo que hace a una persona realmente valiosa: su capacidad de amar. San Juan Pablo II escribía lo siguiente: «El amor no es cosa que se aprenda, ¡y sin embargo no hay nada que sea más

---

[3] Cfr. G. Pérez Gómez, *Álvaro d'Ors. Sinfonía de una vida*, Madrid, Rialp 2020, pp. 614-615.

necesario enseñar! Siendo aún un joven sacerdote aprendí a amar el amor humano. Este es uno de los temas fundamentales sobre el que centré mi sacerdocio, mi ministerio desde el púlpito, en el confesonario, y también a través de la palabra escrita. Si se ama el amor humano, nace también la viva necesidad de dedicar todas las fuerzas a la búsqueda de un «amor hermoso». Porque el amor es hermoso. Los jóvenes, en el fondo, buscan siempre la belleza del amor, quieren que su amor sea bello»[4].

Ahora nos engañan constantemente. Nos hacen creer que amar es solo sentirse bien con uno mismo y, por eso, muchas relaciones se frenan, porque ya no se siente lo mismo que al principio. Nos hacen creer que el amor es placer, satisfacción de nuestros personales egoísmos. Nos dicen que el amor nada tiene que ver con la entrega alegre y generosa, con el desaparecer en el otro, con morir gustosamente a uno mismo para cuidar y hacer felices a los demás. Se olvidan de que amar es sentirse feliz haciendo feliz al otro. Se olvidan de que el amor no se agota en un sentimiento pasajero, sino que es en esencia una comunión de personas que se va construyendo día a día.

---

[4] JUAN PABLO II, *Cruzando el umbral de la esperanza*, Plaza y Janes, Barcelona 1995, pp. 132-133.

Te cuento una historia de una pareja de novios. Los dos estudian medicina y están en el mismo año. Ella tenía mejor expediente en la carrera universitaria, había sacado mejor nota en el MIR y quería hacer la residencia en Pediatría. Él, sin embargo, tenía por sueño hacer la residencia en Traumatología, y el lugar en el que más opciones tenía era en las Islas Canarias.

Ella, al tener mejor nota, elige primero. ¿Y qué elige? Pediatría en las Islas Canarias. Cuando le llega el turno para elegir a él, ya no había plazas de Traumatología en las Islas Canarias y no tuvo más remedio que irse a Elche a hacer la especialidad. Aparentemente, el sacrificio de ella fue en vano.

Uno podría pensar que lo lógico habría sido que él se hubiese sacrificado por ella. Ella tenía mejor expediente académico, mejor nota en el MIR, y, por lo tanto, había hecho más méritos para elegir su residencia en el lugar que más le gustara. Había trabajado más y mejor que su novio durante seis años y medio.

Pero la lógica del amor es distinta. Precisamente porque ella elegía antes, ella eligió sacrificarse por su novio. Porque eso es amar, elegir al otro antes que a ti. Cuando se ama, se elige siempre antes lo del otro. Probablemente su novio habría hecho lo mismo si hubiese elegido antes. También habría elegido sacrificarse por su novia.

San Josemaría utiliza la metáfora de la "piedra de toque" (una piedra usada antiguamente para verificar la pureza del oro) para explicar que la autenticidad y la profundidad del amor se prueban y se miden a través de la capacidad de sufrir o sacrificarse por lo amado. Lo hace en el número 439 de *Camino* al decir: «No olvides que el dolor es la piedra de toque del Amor»[5].

Amar tiene más que ver con buscar el bien de los demás, sin buscar recompensa, sin buscar contraprestación, ni agradecimiento, ni alabanzas. Como dirá Aristóteles, amar es buscar el bien de la persona amada[6]. De manera parecida se expresa también Santo Tomás de Aquino al decir que amar es desear el bien de alguien. Desaparecer en el otro. Vivir para el otro. Vivir pensando en el otro. De ahí que san Josemaría escribiera: «¿Quieres un secreto para ser feliz?: date y sirve a los demás, sin esperar que te lo agradezcan»[7].

Traigo aquí un relato que circula en redes sociales como una historia inspiradora sobre el amor incondicional. Se trata del testimonio de un médico que se encuentra con una persona que sabe lo que es amar:

[5] San Josemaría, *Camino* n. 439.

[6] Aristóteles, *Ética a Nicómaco*, Libros VIII y IX.

[7] San Josemaría Escrivá, *Forja* n. 368.

«Un hombre de cierta edad vino a la clínica donde trabajo para hacerse curar una herida en la mano. Tenía bastante prisa, y mientras se curaba le pregunté qué era eso tan urgente que tenía que hacer. Me dijo que tenía que ir a una residencia de ancianos para desayunar con su mujer que vivía allí. Me contó que llevaba algún tiempo en ese lugar y que tenía un Alzheimer muy avanzado.

Mientras acababa de vendar la herida, le pregunté si ella se alarmaría en caso de que él llegara tarde esa mañana.

—No, me dijo. Ella ya no sabe quién soy. Hace ya casi cinco años que no me reconoce.

Entonces le pregunté extrañado:

—Y si ya no sabe quién es usted, ¿por qué esa necesidad de estar con ella todas las mañanas?

Me sonrió y dándome una palmada en la mano me dijo:

—Ella no sabe quién soy yo, pero yo todavía sé muy bien quién es ella».

Es verdad que para amar bien hay que fiarse un poco. Porque es buscar donde uno a priori piensa que no va a encontrar. Perder la vida, para ganarla. Morir, para vivir. Desaparecer, para aparecer de verdad. Olvidarse de uno mismo, para encontrarse plenamente en el otro. Hay que fiarse un poco, pero vale la pena fiarse. La recompensa es muy grande. Nada nos hace más felices que vivir amando de verdad.

Un ejemplo de olvidarse de uno mismo para encontrarse en el otro sucedió en un programa de televisión[8]. El concursante se enfrenta a la última pregunta. Si la acierta se convertirá en la primera persona en ganar el premio más alto del concurso. Para responder a esa última pregunta pide el comodín de la llamada. Aprovecha ese comodín llamando a su mujer. Lo más sorprendente fue que el concursante no usa el comodín de la llamada para pedir ayuda a su mujer, sino para informarle de que tenía la respuesta ganadora y que volvería a casa con los 50 millones. La respuesta ya la sabía perfectamente, pero quería que su mujer fuera la primera en conocer esta gran alegría. Que se acordara de ella en un momento de tanta tensión, que pensara en ella justo antes de ganar el premio, dice mucho de la calidad del amor que este hombre tenía a su mujer.

A san Juan Pablo II le gustaba mucho decir que cuanto más te das a ti mismo más te encuentras a

[8] Se trata del programa de televisión *¿Quieres ser millonario?* Tuvo lugar el 14 de septiembre de 2000. Ese día Enrique Chicote ganó cincuenta millones de pesetas. La última pregunta era: ¿de qué fruto se obtiene la copra? La respuesta era: del coco.

ti mismo, es decir que lo que somos aumenta en la medida en que nos damos, en que amamos, y disminuye en la medida en que nos guardamos para nosotros mismos[9].

Había un sacerdote que se encontraba con cáncer terminal. Sabía ya que le quedaban pocos días en esta vida. Y se encontraba predicando unos ejercicios espirituales. En ese curso de retiro tuvo una conversación con una chica universitaria. Y el sacerdote le dijo unas palabras a esta chica que le dejaron una profunda huella: «En la vida, cuando puedas elegir, escoge aquello en lo que puedas amar más».

Si puedes elegir entre servir y no servir, sirve. Si puedes elegir entre embarrar o no embarrar la reputación de alguien, entre criticar o no criticar, no critiques. Si puedes elegir entre destruir o construir, construye. Si puedes elegir, entre perdonar o no perdonar, perdona. Si puedes elegir, comprende, disculpa, sonríe, no seas indiferente a las necesidades de los demás, ten paciencia con los defectos de los demás, vive amando. Vivir así aumentará lo que eres.

Dios nos ha creado para amores grandes. Confía mucho en nuestros amores. Pero nos damos

---

[9] Cfr. San Juan Pablo II, *Go in Peace: a Gift of Enduring Love*.

cuenta de que todos somos a veces pobres en el amor. Necesitamos liberar tantas veces el amor de sus equívocos y de sus falsificaciones.

Es fácil que muchos se engañen pensando que en el futuro fundarán una familia maravillosa y muy bien avenida. Pero de momento, mientras no llegue ese momento, prefieren que les deje todo el mundo en paz, que nadie les diga lo que tienen que hacer o dejar de hacer. Hasta entonces, hasta que llegue el momento de casarse y empezar a vivir en serio, prefieren seguir disfrutando de la vida, prefieren seguir teniendo experiencias nuevas y descubrir todo lo que esta vida nos pueda dar.

Se engañan pensando que vivirán bien en el futuro los que no son capaces de vivir bien en el presente. Esto no funciona así. No es en la víspera del matrimonio cuando se aprende el dominio de sí. En la víspera de su matrimonio, uno es el resultado de los diez años que lo han precedido. Lo que uno vive antes de casarse le marca profundamente y compromete el porvenir. No se trata, por supuesto, de ser ya perfectos. Todos aprendemos a amar paso a paso. Levantándonos una y otra vez. Se trata simplemente de querer aprender a amar de verdad.

«Cuando se hace una excursión a la montaña, el momento más importante está paradójicamente en el comienzo: la elección de la cima. Se puede elegir entre varias. La de 800 metros. No es demasiado alta, ni demasiado dura. La inmensa mayoría se contenta con esa. Y luego, después de todo, no está nada mal si se compara con la colina de 300 metros… ¡sin hablar de la hondonada!

Claro que luego está la cima de 3000 metros. Ahí el camino es más empinado… hay mucha menos gente que se arriesga por ahí. Demasiado duro, demasiado largo. Pero los que han hecho montaña lo saben: ¡la alegría en la cumbre de un 3000 no tiene nada que ver con la de 800!

Estamos hechos para la alegría del 3000. Para esa alegría del gran Amor, fruto de una larga y a veces dura preparación. «La alegría se paga antes, el placer se paga después», dice a menudo el padre Potez. Se experimenta eso en la montaña: la alegría de la cumbre se nutre de los esfuerzos de la subida. Pero los que desprecian el esfuerzo se arriesgan a lamentarlo después. Entre los 15 y 20 años, se está en la edad de elegir la cima. Nadie os pide que lleguéis allí enseguida, ni fácilmente. Pero la Iglesia os suplica que no os contentéis con poco. Os anima a no conformaros con pequeñas historias que se encadenan y no se parecen en nada al gran Amor para el que estáis hechos. Querría daros el gusto por la cumbre y convenceros de que cada uno es capaz de alcanzarla»[10].

Para poder vivir un amor con plenitud, es necesario entender en qué consiste realmente el amor y aprender a vivir la sexualidad de forma adecuada a la naturaleza humana. Solo así se podrán construir relaciones sólidas y duraderas. A un coche de gasolina no se le pone gasoil, porque va a gripar. Del mismo modo, el ser humano está llamado a vivir la sexualidad conforme a su propia naturaleza. No todo sirve, porque lo que no es apropiado estropea.

Las consecuencias de la vivencia inadecuada de la sexualidad consiguen camuflarse inicialmente. El placer, al producir, sensación de bienestar, puede despistar al principio, haciendo creer que todo funciona correctamente. Tarde o temprano las consecuencias van saliendo a la luz. No puedes dedicarte a cultivar amores mediocres y luego pretender vivir un amor maravilloso cuando lo consideres oportuno.

Para que la sexualidad proporcione la felicidad que todo ser humano anhela, sexo y amor tienen que estar integrados. Para que se dé esa integración, el cuerpo tiene que ser verdadera

---

[10] PIERRE-HERVÉ GROSJEAN, *Amar, pero ahora en serio,* Rialp, Madrid 2015, pp. 48-49.

expresión de un amor que realmente existe en la intimidad. De este modo, la sexualidad adquiere verdadera calidad humana.

Muchos reprochan a la Iglesia su discurso sobre la sexualidad. Se la acusa de retrógrada o anticuada, de ahuyentar a los jóvenes con una exigencia tan grande. Pero ¿quién respeta más a los jóvenes? ¿Los que, para complacerlos fácilmente, les ofrecen como único discurso el de divertirse, probarlo todo, no aburrirse, salir hasta que el cuerpo aguante; o los que creen que los jóvenes son capaces de lo mejor y, por eso, se atreven a proponerles desafíos más elevados?

El amor auténtico no busca la propia satisfacción, sino lo que es mejor para el otro. Eso solo lo consigue la castidad, porque nos hace entender que la sexualidad es un valioso regalo que hemos recibido y nos hace respetarnos a nosotros mismos y a los demás, de forma que podamos amar a otra persona y no caer en la tentación de utilizarla en nuestro propio provecho.

Si quieres recibir amor auténtico, tienes que empezar por darlo; y aprender a hacerlo —aprender a querer sinceramente el bien ajeno— es un proceso que dura toda la vida.

Tú decides por qué amor quieres apostar, con qué amor quieres vivir. Pero la calidad de tu amor es lo que marca la calidad de tu vida.

Como dice un cantautor en una de sus canciones: «Fue siempre más feliz quien más amó»[11].

Jesús en el evangelio nos dice lo siguiente: «Cuando vaya y os prepare un lugar, volveré y os llevaré conmigo, para que donde estoy yo estéis también vosotros»[12]. Dios nos ha creado para el cielo. Un cielo que no será otra cosa que el modo definitivo de vivir en el que perdurarán esos amores nobles, limpios, verdaderos que hemos tratado de cultivar durante toda nuestra vida. Esos amores para los que hemos sido creados. Esos amores hermosos que no pueden desaparecer, porque están llamados a vivir eternamente. Son tan bonitos esos amores, que no pueden durar solo 80, 90 años. Necesitan perdurar. Por eso, Dios, nos ha creado para el cielo. Estamos llamados a vivir para esa recompensa eterna, para esos amores eternos.

Por eso, no te conformes con pequeñas recompensas ni con gratificaciones inmediatas, que nada tienen que ver con esa felicidad que Dios nos promete y que es para siempre, para siempre, para siempre[13]. El mundo te empujará a que te conformes con menos. El ambiente te empujará a que vivas de recompensas menudas y

---

[11] Julio Iglesias en su canción titulada: Hey!

[12] Jn 14, 1-6.

[13] Santa Teresa de Jesús, *Libro de su vida*, Capítulo I, V.

efímeras, de amores pasajeros que suelen terminar en traición. No te dejes arrastrar. Dios nos llama a la vida eterna, a esa vida que no termina nunca, porque estamos llamados a vivir para amores que no mueren jamás, que son eternos.

Tus méritos, tus logros, tu imagen, tu salud, tu belleza, tu dinero, tu ropa, tus bienes materiales, tu diversión, tus consuelos afectivos, incluso tu ciencia y tus conocimientos sobre una determinada materia dejarán de existir. Lo de aquí abajo pasará. Lo único que perdurará serán tus amores verdaderos y limpios. Eso es lo que estamos llamados a alimentar, eso es para lo que vale la pena vivir, para aquello que no dejará nunca de existir.

Nos dice san Pablo en su primera carta a los Corintios: «La caridad nunca acaba. Las profecías desaparecerán, las lenguas cesarán, la ciencia quedará anulada. Porque ahora nuestro conocimiento es imperfecto, e imperfecta nuestra profecía. Pero cuando venga lo perfecto, desaparecerá lo imperfecto. Cuando yo era niño, hablaba como niño, sentía como niño, razonaba como niño. Cuando he llegado a ser hombre, me he desprendido de las cosas de niño. Porque ahora vemos como en un espejo, borrosamente; entonces veremos cara a cara. Ahora conozco de modo imperfecto, entonces conoceré como soy conocido. Ahora permanecen la fe, la esperanza, la caridad: las tres virtudes. Pero de ellas la más grande es la caridad»[14].

Lo único que permanecerá después de la muerte es la caridad. El amor es lo único que vencerá a la muerte. El amor es lo único que vence al mal. El amor tendrá siempre la última palabra. Por eso tú y yo necesitamos vivir de amor, necesitamos vivir de eso que no dejará de existir nunca, ni aquí abajo, ni en la eternidad.

Termino este capítulo con unas palabras de san Josemaría: «Yo soy la Madre del amor hermoso… No es un amor cualquiera este: es el Amor. Aquí no se dan traiciones, ni cálculos, ni olvidos. Un amor hermoso, porque tiene como principio y como fin el Dios tres veces Santo, que es toda la Hermosura y toda la Bondad y toda la Grandeza»[15].

Nuestra Madre nos enseña la nobleza del amor. Porque estamos hechos para ese amor. Para ese amor grande para el que Dios nos ha creado. Dios confía en que somos capaces de vivir para esos amores grandes, para esos amores que durarán eternamente. Esto es lo que hace que una vida sea realmente valiosa: la calidad y la autenticidad de sus amores. Vales si amas. Amas si sirves. Sirves si vales.

---

[14] 1 Corintios 13, 8-13.
[15] San Josemaría Escrivá, *Amigos de Dios*, n. 277.

# NOS DA A SU PROPIA MADRE

*«El Espíritu Santo descenderá sobre ti, y el poder del Altísimo te cubrirá con su sombra; por eso, el que nacerá Santo será llamado Hijo de Dios. Y ahí tienes a Isabel, tu pariente, que en su ancianidad ha concebido también un hijo, y la que llamaban estéril está ya en el sexto mes, porque para Dios no hay nada imposible»*[1].

El catecismo de la Iglesia Católica dice en su número 501: «Jesús es el Hijo único de María. Pero la maternidad espiritual de María se extiende (cf. Jn 19, 26-27; Ap 12, 17) a todos los hombres a los cuales, Él vino a salvar: "Dio a luz al Hijo, al que Dios constituyó el mayor de muchos hermanos (Rm 8, 29), es decir, de los creyentes, a cuyo nacimiento y educación colabora con amor de madre" (LG 63)»[2].

---

[1] Lc 1, 35-36.
[2] Catecismo de la Iglesia Católica, n. 501.

La Virgen María, la Madre de Jesús, es también nuestra Madre. El mismo Dios nos la confió como Madre desde la Cruz[3]. Jesucristo nos confía a su propia Madre porque cree en nosotros de manera absoluta. El amor filial, por naturaleza, es protector; nadie entregaría un tesoro tan sagrado a quien no gozara de su entera confianza. Al dárnosla, Cristo confirma la altísima estima en que nos tiene.

Por eso, la Virgen no puede ser una más en nuestra lista de devociones. Es más, me atrevería a decir, que la Virgen no puede ser sin más una devoción. Alguien a quien acudo de vez en cuando, de quien me acuerdo cuando necesito algo. Ella no es sin más una devoción, ella es mi Madre. Y una madre nunca es alguien más, una madre nunca es una más. Una madre es una madre.

Cuentan que una persona acudía muy temprano a Misa, acompañado de su madre. Y lo hacía en un pueblo donde en invierno hace mucho frío y, por tanto, es muy habitual que nieve. Muchos días a esas horas tan tempranas de la mañana se encontraba la nieve todavía virgen. Y su madre le decía a su hijo: Yo voy delante, tú pisas en mis huellas y así tendrás menos frío.

---

[3] Jn 19, 26-27.

Esta persona tiempo después reflexionaba del siguiente modo: Aquella táctica de mi madre no disminuía el frío. Seguía haciendo mucho frío. Pero para mí era como si el corazón de mi madre fuera calentando la tierra que yo pisaba[4].

La Virgen es esa presencia que nos cuida con esmero y es capaz de darle un vuelco a nuestra vida. Ella llena cada uno de nuestros vacíos y nos devuelve la ilusión, invitándonos a mirar hacia delante con alegría y renovadas ganas de vivir. Nos quiere tal y como somos, despertando lo mejor de nuestro interior con el único deseo de hacernos felices y conducirnos al cielo[5].

Cuenta la tradición que un martes de madrugada el indio Juan Diego fue a buscar a un sacerdote para que ayudara a bien morir a su tío Juan Bernardino. Al llegar cerca del cerro de Tepeyac, donde se le aparecía habitualmente Nuestra Señora de Guadalupe, decidió dar un rodeo para evitar encontrarse con la Señora. En su ingenuidad, pensaba que si se demoraba no llegaría a tiempo de que un sacerdote confortara a su tío.

---

[4] José Luis Martín Descalzo, *Razones para la alegría*, Madrid 1990, p. 238

[5] Cfr. Canción del grupo musical *Siempre Así* que tiene por título *Alguien*.

Pero la Virgen le salió al encuentro. Juan Diego le explicó humildemente por qué había dado el rodeo. Y la Virgen le dijo: «Oye y ten bien entendido, hijo mío el más pequeño, que es nada lo que te asusta y aflige; no se turbe tu corazón; no temas esa enfermedad ni otra alguna enfermedad o angustia. ¿No estoy yo aquí, que soy tu Madre? ¿Acaso no estás bajo mi sombra y amparo? ¿No soy tu salud? ¿No estás por ventura en mi regazo y entre mis brazos? ¿Qué más has menester?»[6].

¡Qué necesitados estamos de tener a alguien al lado que nos sepa mirar, que nos sepa tocar, abrazar, besar y amar! ¡Ahora dejamos que nos toque, que nos abrace, que nos bese cualquiera, nos da igual incluso si le conocemos o no le conocemos! ¡Ahora nos da igual jugar a darnos, quizá porque no somos del todo conscientes del daño que nos hace! Pensamos que simplemente estamos jugando y que no pasa nada, porque jugar no es malo, es incluso divertido. Pero nos olvidamos de que jugar a amarnos, nos va rompiendo por dentro. Va rompiendo a trozos nuestra identidad, nos la vamos dejando por el camino y nos vamos olvidando de quiénes somos. Y esto no es ningún juego.

---

[6] *Nicam Mopohua*, párrafos 116-125, en la edición de M. León-Portilla (UNAM).

Por eso la necesitamos. Ella no nos va a engañar. Ella sí que sabe cómo abrazarnos y cómo tocarnos. Ella sí que sabe cómo besarnos. Por eso, está deseando que a lo largo de tu vida te quedes muchas veces a solas con ella, le abras sin miedo tu corazón, le dejes entrar de verdad en tu vida.

A lo largo de estas páginas nos hemos dedicado a contemplar un episodio muy importante en la vida de María: la Anunciación. El momento en el que el arcángel Gabriel anuncia a la Virgen que Dios ha pensado en ella para que, si quiere, sea la Madre de Dios.

Y, al considerarla, una de las primeras cosas que despiertan nuestra atención es que Dios haya decidido depender del sí de María para hacerse hombre. Si lo pensamos un poco, nos damos cuenta de que es algo muy llamativo. Dios se ha hecho hombre porque María ha dicho que sí. Dios se somete a la voluntad de una criatura. Y ¿por qué quiso proceder de este modo nuestro Padre Dios?, ¿por qué quiso que la Encarnación de Jesucristo se realizara con el consentimiento de la Virgen? Porque quiere Dios que no olvidemos nunca que María es el principio de todos los bienes. Es decir, que todos los bienes, ayudas y gracias que hemos recibido, que recibimos y que recibiremos de Dios nos han venido, nos vienen y nos vendrán a través de María.

No hay nada bueno que no te haya llegado gracias a ella. No existe ningún don que hayas podido recibir que no haya pasado por sus manos. Todo nos viene a través de ella. Ella es la medianera de todas las gracias. Y además consigue de Dios todo lo que se propone. Y por eso decimos que María es la omnipotencia suplicante.

Fulton Sheen, arzobispo estadounidense ya fallecido, gran predicador, cuenta que para celebrar su quinto aniversario de sacerdote, quiso ir por primera vez a visitar a la Virgen de Lourdes desde Lovaina.

Tenía algo de dinero, pero solo para el viaje de ida a Lourdes. Para el hotel y para el viaje de vuelta ya no tenía dinero. De todas formas, decide ir para allá, sin dinero, convencido de que la Virgen le ayudaría en su quinto aniversario de ordenación.

Y, como era muy consciente de que la Virgen es omnipotente, pensó que si la Virgen le iba a ayudar a pagar un hotel, para Ella sería lo mismo pagar uno pequeño que uno grande. Y se fue al mejor hotel de Lourdes. Porque, dice el protagonista, cuando uno pide un milagro a la Virgen no hay que ser tacaño. Si pides un milagro, se lo pides a lo grande.

Decidió quedarse en Lourdes por nueve días, para hacerle una novena a la Virgen. Y hasta la noche del día 9 no sucedió nada. La Virgen no le ayudó. Entonces decidió darle a la Virgen otra oportunidad, se fue a la gruta a las diez y media de la noche de su último día en Lourdes.

Estando allí un hombre le tocó el hombro. ¿Eres sacerdote norteamericano? Sí. ¿Hablas francés? Sí. ¿Conoces París? Sí. ¿Te gustaría acompañarnos a mí y a mi familia mañana y hablar por nosotros francés y mostrarnos los alrededores? Ningún problema.

Después de ese encuentro este hombre acompañó a Fulton Sheen al hotel y le hizo la pregunta más interesante que Fulton Sheen había escuchado en su vida: ¿Has pagado ya el hotel? Le agradeció enormemente y volvió a Lovaina con mucho más dinero del que había llevado[7].

A la Virgen hay que pedirle a lo grande. Convencidos de que ella es omnipotente. Dios no sabe decirle que no. Abandona, por eso, todo en ella con mucha confianza. Encontrarás que todo se renueva. No te quedes con nada. Compártelo todo con ella: tus vergüenzas, tus errores, tus miedos, tus agobios, tus preocupaciones, tus dudas, tus debilidades, esos defectos que no consigues superar, que te desaniman y entristecen

---

[7] Se puede ver un vídeo, donde el propio FULTON SHEEN cuenta lo que le sucedió, en: https://youtu.be/yDZvxwPJ35E.

profundamente, esas batallas en las que ya estás cansado de luchar. Déjalo todo en sus manos. También aquello que no seas capaz de perdonar. También aquello que esté escondido y que no te atreves a destapar, esos rincones de tu alma hacia los que ni siquiera te atreves a mirar. Comparte también con ella tus nudos, todo aquello que no sabes cómo desatar, tus complicaciones, tus zonas oscuras.

No te olvides de que jamás se ha oído decir que ninguno de los que han acudido a ella haya sido abandonado. Convéncete de que con ella a tu lado serás omnipotente. Por eso san Josemaría decía con mucha seguridad: «Antes, solo, no podías... —Ahora, has acudido a la Señora, y, con Ella, ¡qué fácil!»[8].

Ella es también la Madre de la Misericordia. Así se lo reveló la Virgen María a santa Brígida: «Yo soy —le dijo la reina del cielo y madre de la misericordia— la alegría de los justos y la puerta para introducir los pecadores a Dios. No hay en la tierra pecador tan desventurado que se vea privado de la misericordia mía. Porque si otra gracia por mí no obtuviera, recibe al menos la de ser menos tentado de los demonios de lo que sería de otra manera. No hay ninguno tan alejado

---

[8] San Josemaría Escrivá, *Camino* n. 513.

de Dios, a no ser que del todo estuviese maldito —se entiende con la final reprobación de los condenados—; ninguno que, si me invocare, no vuelva a Dios y alcance la misericordia»[9]. Ella nos ayudará también a volver a Dios y a alcanzar su misericordia en el sacramento de la confesión.

María es nuestra Madre, gracias a una enorme muestra de confianza que Dios ha tenido con nosotros, pues nadie daría su propia madre, si la quiere bien, a alguien en quien no confía. Jesucristo tuvo a bien dárnosla como Madre. Y una madre nunca es alguien más, nunca es una más. Es mucho lo que descubriremos. La descubriremos. Nos daremos cuenta de cómo nos cuida, comprobaremos que todos los cuidados que Dios tiene con nosotros pasan a través de ella y descubriremos también que ella consigue todo lo que se propone, porque Dios no sabe decirle que no.

---

[9] San Alfonso María de Ligorio, *Salve, Regina*, Rialp, Madrid 2025, pp. 64-65.

# PATMOS, LIBROS DE ESPIRITUALIDAD
## Selección de títulos

ESTE LIBRO, PUBLICADO POR
EDICIONES RIALP, S. A.,
MANUEL URIBE, 13-15, 28033 MADRID,
SE TERMINÓ DE IMPRIMIR
EN ARTES GRÁFICAS ANZOS, S. L.,
FUENLABRADA (MADRID),
EL DÍA 25 DE MARZO DE 2026.